Ingo Ruth

Entwicklung eines relationalen Datenbankschemas unter
Zugangssystems zum Retrival über das World Wide Web
Zeitreihen

Kriterien zur DB-Schema- und Abfrageoptimierung anhand von Versuchen, Klassifizierung von DB-WWW-Anbindungsarchitekturen

Bibliografische Information der Deutschen Nationalbibliothek:

Bibliografische Information der Deutschen Nationalbibliothek: Die Deutsche Bibliothek verzeichnet diese Publikation in der Deutschen Nationalbibliografie; detaillierte bibliografische Daten sind im Internet über http://dnb.d-nb.de/ abrufbar.

Copyright © 1998 Diplomica Verlag GmbH
Druck und Bindung: Books on Demand GmbH, Norderstedt Germany
ISBN: 9783838608754

http://www.diplom.de/e-book/216776/entwicklung-eines-relationalen-datenbank-schemas-unter-oracle-7-1-sowie

Ingo Ruth

Entwicklung eines relationalen Datenbankschemas unter Oracle 7.1 sowie eines Zugangssystems zum Retrival über das World Wide Web für volkswirtschaftliche Zeitreihen

Kriterien zur DB-Schema- und Abfrageoptimierung anhand von Versuchen, Klassifizierung von DB-WWW-Anbindungsarchitekturen

Diplom.de

Ingo Ruth

Entwicklung eines relationalen Datenbankschemas unter Oracle 7.1 sowie eines Zugangssystems zum Retrival über das World Wide Web für volkswirtschaftliche Zeitreihen

Kriterien zur DB-Schema- und Abfrageoptimierung anhand von Versuchen, Klassifizierung von DB-WWW-Anbindungsarchitekturen

Diplomarbeit
an der Friedrich-Alexander-Universität Erlangen-Nürnberg
Wirtschafts- und Sozialwissenschaftliche Fakultät
Prüfer Prof. Dr. Ingo Klein
Sechs Monate Bearbeitungsdauer
März 1998 Abgabe

Diplomarbeiten Agentur
Dipl. Kfm. Dipl. Hdl. Björn Bedey
Dipl. Wi.-Ing. Martin Haschke
und Guido Meyer GbR

Hermannstal 119 k
22119 Hamburg

agentur@diplom.de
www.diplom.de

ID 875

Band I

Band II

Anhang A: Abbildungen

Anhang B: Übersicht und Beispiele

Anhand C: Versuche

Hinweis:

Alle in Anhang A aufgeführten Abbildungen enthalten ein A in der Bezeichnung (z.B. Abb. **A**-1). Entsprechend sind erklärende Beispiele als Übersichten in Anhang B zusammengestellt (Bezeichnung: Übersicht **B**-2) und Versuchsbeschreibungen in Anhang C (z.B. Versuch **C**-3) Wird Bezug auf Dateien genommen, so sind diese auf der beigefügten Diskette zu finden.

Ingo Ruth

Entwicklung eines relationalen Datenbankschemas unter Oracle 7.1 sowie eines Zugangssystems zum Retrival über das World Wide Web für volkswirtschaftliche Zeitreihen

Kriterien zur DB-Schema- und Abfrageoptimierung anhand von Versuchen, Klassifizierung von DB-WWW-Anbindungsarchitekturen

Band I

ID 875

Ich versichere, daß ich die vorliegende Arbeit ohne fremde Hilfe und ohne Benutzung anderer als der angegebenen Quellen angefertigt habe, und daß die Arbeit in gleicher oder ähnlicher Form noch keiner anderen Prüfungsbehörde vorgelegen hat. Alle Ausführungen, die wörtlich oder sinngemäß übernommen wurden, sind als solche gekennzeichnet.

Nürnberg den 13. März 1998, ...

(Ingo Ruth)

BAND I

BAND II

ANHANG A: ABBILDUNGEN

ANHANG B: ÜBERSICHT UND BEISPIELE

ANHANG C: VERSUCHE

Hinweis:

Alle in Anhang A aufgeführten Abbildungen enthalten ein A in der Bezeichnung (z.B. Abb. A-1). Entsprechend sind erklärende Beispiele als Übersichten in Anhang B zusammengestellt (Bezeichnung: Übersicht B-2) und Versuchsbeschreibungen in Anhang C (z.B. Versuch C-3). Wird Bezug auf Dateien genommen, so sind diese auf der beigefügten Diskette zu finden.

INHALTSVERZEICHNIS

ABBILDUNGSVERZEICHNIS

DATEIVERZEICHNIS

Datei	Kurzbeschreibung des Inhalts
\PROGRAMM*.TXT	Jede Datei enthält den PL/SQL-Quellcode zu einer Prozedur, Funktion oder Paket der Zeitreihenanwendung.
ANZ_SW.XLS	Ausgangsdaten zur Clusterentscheidung der Tabelle SWS.
INSERT_K.PL	Quellcode in Perl zum Einlesen der Segmentdaten aus einer Datei.
INSERT_K.PROT	Beispielhafte Protokolldatei des Einlesevorgangs (Ausschnitt).
INSERT_T.PL	Quellcode in Perl zum Aufbereiten der Zeitreihentabelle (Titel splitten, Daten aufwerten).
KLASS95.XLS	Excel-Makrocode zum Erstellen der Daten-Eingabedatei der Segmentrelation in speziellem Format.
METATABB.XLS	Ausschnitt aus Exceltabelle zur Erstellung der Metasuchhilf-Tabellen AbkUml, Thes und Global. Makrocode zum Erstellen von SQL-Batch-Dateien zum Einspielen der Daten.
PROGKLAS.XLS	Excel-Makrocode zum Aufbereiten der Klassifikationspläne zur Universalrelation Segment.
SBA_SCHEMA.SQL	Der (SQL-) Quellcode für das Datenbankschema der Zeitreihenanwendung.
SWERST.TXT	PL/SQL-Quellcode zum Generieren der Tabellen SWS und SWZ.
TABGROE.XLS	Berechnungen der Speicherparameter für Tabellen, Indizes und Cluster sowie der Indexreihenfolge.
TSBAPERIODE.ERR	Fehlermeldungen, die beim Einlesen in Tabelle TSBAPeriode aufgetreten sind, wurden hier eingetragen.

ABKÜRZUNGSVERZEICHNIS

Abkürzung Bedeutung

ANSI	American National Standards Institution
API	Application Program Interface
B	Bereich
BCNF	Boyce-Codd Normalform
CAD	Computer Aided Design
CGI	Common Gateway Interface
CIM	Computer Integrated Manufacturing
CORBA	Common Request Broker Architecture
DB	Datenbank
DBMS	Datenbankmanagement-System
DBS	Datenbanksystem
DCL	Data Control Language
DDL	Data Definition Language
DML	Data Manipulation Language
ESQL	Embedded SQL
FTP	File Transfer Protocol
GL	Generation Language
HTML	Hypertext Markup Language
HTTP	Hypertext Transfer Protocol
I/O	Input/Output (Ein-/Ausgabe)
IDL	Interface Definition Language
ISO	International Standardisation Organization
JDBC	Java Database Connectivity
JDK	Java Devekoper Kit
JSQL	In Java eingebettetes SQL
KG	Klassifizierungsgliederungsebene
NF	Normalform
OCI	Oracle Call Interface
ODBC	Open Database Connectivity

Abkürzung Bedeutung

OMG	Object Management Group
OO	Objektorienteirte
ORB	Object Request Broker
PGA	Program Global Area
RDBMS	Relationale Datenbankmanagement-Systeme
RDBS	Relationale Datenbanksysteme
SB	Segmentbundnummer
SBA	Statistisches Bundesamt
SGA	System Global Area
SGML	Standard Generalized Markup Language
SQL	Structured Query Language
ST	Segmenttext
TA	Transaktion
TCP/IP	Transmission Control Protocol/Internet Protocol
TG	Titelgliederungsebene
URL	Uniform Resource Locator
WAS	Web Application Server
WRB	Web Request Broker
WWW	World Wide Web
ZR	Zeitreihe

1 Einführung

1.1 Motivation

Das heutige Zeitalter ist geprägt durch Menge und Schnellebigkeit von Informationen. Informationen sind betriebswirtschaftlicher Faktor (vgl. [BODENDORF94], S. 5) und damit Grundlage unternehmerischer Entscheidungen. Sie zeit- und kostenmäßig günstig bereitzustellen oder abzufragen rückt in den Mittelpunkt ökonomischen Handelns. Zur Speicherung großer Datenbestände - hierbei kann es sich um betriebliche Absatz- oder Kundendaten ebenso wie um gesamtwirtschaftliche Informationen handeln - werden Datenbanken verwendet und mit einer spezifischen Benutzeroberfläche ausgestattet.

Eine zunehmende Rolle im Zusammenhang der Informationsbeschaffung spielt das World Wide Web, einerseits als Informationsquelle selbst, andererseits als Möglichkeit, unterschiedliche Datenbanksysteme durch dieselbe Zugangstechnologie zu vereinen. Eine derartige Integration kann sowohl weltweit, d.h. im Internet, als auch firmenintern, d.h. im Intranet realisiert werden.

Nutznießer derartiger Inter- bzw. Intranetlösungen wären neben Entscheidungsträgern beispielsweise Informationsdienstleistungsunternehmen, die ihre Daten kostengünstig und schnell aktualisieren können, Außendienstmitarbeiter, die auf neueste Kundendaten zurückgreifen möchten, oder Unternehmen, die ihre Produktpalette online zum Verkauf anbieten. In der Praxis bereits vielfach vorzufindende Data Warehouse Systeme dieser Art schaffen durch das zentralisierte globale Informationsangebot zunehmend Markttransparenz und bieten im Sinne von Systemintegration und Lean Management (vgl. [PFEIFFER94], S.83 ff.) eine sehr flexible Möglichkeit, Kunden und Lieferanten in das eigene Unternehmen zu integrieren.

Die Akzeptanz von Datenbanken im World Wide Web hängt im wesentlichen von der Performance der Gesamtanwendung ab. Diese läßt sich untergliedern in Performance der Datenbank und ihrer Abfragen, der Art der Anknüpfung an das World Wide Web, der Netzkapazität, sowie der Datenflußmenge der Anwendung im Netz. Da die Kapazität des Netzes kaum beeinflussbar ist, kann nur versucht werden dieses Problem durch geringen Datenfluß zu umgehen. Die verbleibenden Ansatzpunkte Datenbankperformance und Anknüpfungsart sind im wesentlichen von Anwendungsspezifika und Rechner- bzw. Softwareressourcen geprägt. Thema und Ziel dieser Arbeit soll es sein, Problemfelder und Lösungsansätze zu dieser Problematik aufzuzeigen.

1.2 Vorgehensweise

Eine CD-ROM-Datenbank mit jährlich vom Statistischen Bundesamt erhobenen wirtschafts- und sozialwissenschaftlichen Zeitreihen bildet die Grundlage der Arbeit. Dieser Datenbestand wird unter einer ORACLE-Datenbank in ein relationales Datenbankschema überführt. Nach einer einführenden Begriffsabgrenzung im 2. Kapitel werden im 3. Kapitel das Leistungsprofil der CD-ROM und die Anforderungen an die Datenbank im World Wide Web in Form eines Pflichtenheftes vorgestellt.

1

Bereits beim Erstellen des Schemas einer Datenbank muß berücksichtigt werden, welcher Abfragemittel man sich bei der Anknüpfung an das Web bedient. Gerade ORACLE bietet hier diverse Arten der Abfrage und damit Möglichkeiten der Aufbereitung. In etwas abgewandelter Form sind diese aber auch bei namhaften anderen Datenbanken wiederzufinden. Kapitel 4 behandelt die Entwicklung des relationalen Datenbankschemas. Darauf aufbauend wird im 5. Kapitel auf weitere Optimierungsansätze bei der Abfrageperformance eingegangen. Die Wirkung dieser Ansätze korreliert aber stark mit der Anzahl der Datensätze sowie dem Datenbankschema. Damit sind die in diesen beiden Kapiteln diskutierten Problemfelder besonders abhängig von Anwendungsanforderungen.

Bei der eigentlichen Anknüpfung der Datenbank an das World Wide Web haben sich verschiedene Architekturtypen gebildet (Kapitel 6 und 7). Sie vorzustellen und zu diskutieren soll einen Schwerpunkt, eine Kategorisierung von Auswahlkriterien ein Ziel dieser Arbeit ausmachen. Im 7. Kapitel wird in diesem Zusammenhang die Bedeutung von Java vertieft. Es bietet die Möglichkeit zur Verbesserung der Performance durch Minimierung des Datenflusses im Netz und Verlagerung von Rechenleistung auf die Clientseite. Eine flexible und komfortable Weiterverarbeitung der Ergebnisdaten auf Clientseite wird damit überhaupt erst realisierbar.

Als Abrundung soll nach einer Zusammenfassung in einem Ausblick versucht werden, eine mögliche Richtung in der Entwicklung der Datenbankintegration im World Wide Web aufzuzeigen.

Aufgrund der Komplexität sowohl des Themas Datenbanken als auch des Themas World Wide Web kann in dieser Arbeit keinesfalls auf alle Details eingegangen werden. Vielmehr soll anhand der Entwicklung einer Rechercheanwendung versucht werden, die entstehenden Problemfelder global abzugrenzen um in den Bereichen, die als kritisch für die Zielsetzung einer Optimierung der Gesamtanwendung gesehen werden, detailliertere Lösungsansätze zu skizzieren.

2 Begriffsabgrenzung

Zur Schaffung einer einheitlichen Begriffsbasis für diese Arbeit sollen im folgenden die wesentlichen Merkmale eines Datenbanksystems, des World Wide Webs sowie der objektorientierten Sprache Java beschrieben werden.

2.1 Datenbanksysteme

2.1.1 Historische Entwicklung

Datenbanksysteme (DBS) bestehen aus dem Datenbankmanagement-System (DBMS) und ein oder mehreren Datenbanken (DB) (vgl. [VOSSEN94], S. 7)

DBS resultierten zu Beginn der 70er Jahre aus der Problematik, die Dateisysteme (Filesysteme) mit sich brachten. Hier waren einzelne Datenfiles ganz bestimmten Anwendungsprogrammen zugeordnet und konnten nur von diesen bearbeitet werden. Daher mußten viele Daten redundant gespeichert werden, was wiederum einen hohen Pflegeaufwand und damit die Gefahr einer Inkonsistenz mit sich brachte. Darüber hinaus waren Datenbestand und Anwendung sehr unflexibel gegenüber Veränderungen. (vgl. [VOSSEN94], S.6)

Kennzeichen der ersten Generation der DBS war die Einführung einer Unterscheidung zwischen physischer und logischer Sicht auf die Daten. Damit wurde eine Software notwendig, das DBMS. Es nahm eine reine Datenverwaltung vor und rückte so zwischen Anwender respektive Anwendungsprogramm und gespeichertem Datenbestand. Zur logischen Beschreibung der physischen Speicherstrukturen wurden Datenmodelle entwickelt, zunächst das hierarchische, dann das Netzwerkmodell. Doch trotz der geschaffenen Datenunabhängigkeit waren immer noch komplexe Programme nötig, um auf die Daten zuzugreifen. Bei einer Änderung der Datenstruktur wurden diese ebenfalls obsolet. (vgl. [VOSSEN94], S. 9 f.)

Abhilfe brachte hier erst die zweite Generation an DBS, die Relationalen Systeme. Die logische Beschreibung der Daten in Relationen schuf eine wesentlich deutlichere Unabhängigkeit zur physischen Speicherung. Jetzt waren sowohl auf der physischen als auch auf der logischen Seite Änderungen möglich, ohne daß die jeweils andere Seite davon wesentlich betroffen war. (vgl. [VOSSEN94], S. 11, S. 20 f.) Theoretische Grundlage der Datenunabhängigkeit war das von der ANSI entwickelte Drei-Ebenen-Modell, welches die Daten nach ihrer Abstraktionsebene in interne (physische Datenorganisation), konzeptionelle (logische Gesamtsicht der Daten) und externe Sicht (einzelne, i.a. differierende Benutzersichten, sogenannte Views) unterscheidet (vgl. [VOSSEN94], S. 23 ff.). Sie ermöglichte auch ein neuartiges Konzept der Abfragesprachen: Während der Datenbestand bisher satzweise verarbeitet wurde, ging man jetzt zu einer mengenorientierten Verarbeitung über (vgl. [VOSSEN94], S. 11). Auf das Wesen dieser Datenbankabfragesprachen wird weiter unten in diesem Kapitel noch genauer eingegangen, da sie - ebenso wie die Relationalen Datenbanksysteme (RDBS) - Grundlage dieser Arbeit bilden.

Die an die DBS gestellten Anforderungen wuchsen im Laufe der Zeit, und Relationale Systeme konnten diesen neu entstandenen Anforderungen, die z.b. aus den Bereichen Geoinformationssysteme, rechnergestützte Konstruktion (CAD) und Fertigung (CIM) oder Anwendungen aus der Biologie und Chemie stammen, immer weniger gerecht werden. Das Anfang der 90er Jahre aufkommende Paradigma der Objektorientierung schuf hier neue Möglichkeiten, die auch bei DBS schnell Anwendung finden konnten. Objektorientierte Datenbanken schienen eine Weiterentwicklung der Relationalen zu werden, zumindest werden sie in der Literatur als potentielle postrelationale Systeme eingestuft (vgl. [VOSSEN94], S. 18 f.).[1]

In vielen Bereichen haben sich Relationale Systeme jedoch bewährt. Auch der für diese Arbeit verwendete Oracle 7.1 Server basiert auf einem Relationalen Datenbankmanagement-System (RDBMS), so daß dieses im folgenden noch genauer vorgestellt werden soll.

2.1.2 Relationale Datenbankmanagement-Systeme

Relationale DB basieren auf dem von E.F. Codd 1970 veröffentlichten relationalen Modell. Hiernach werden Daten, die Objekte der realen Welt widerspiegeln (Entities), sowie die Beziehungen zwischen diesen (Relationships), in Form von Tabellen (Relationen) gespeichert. Jede Relation hat eine bestimmte Anzahl an Spalten, den Eigenschaften (Attributen) dieses Entities bzw. dieser Relationships, sowie eine beliebige Anzahl an Zeilen (Datensätzen, Tupel). Jedes Attribut besitzt einen definierten Wertebereich (Domain). Ein Domain kann durch einen Datentypen (z.B. NUMBER, CHAR(5)) definiert sein, welcher aber auch noch weiter eingeschränkt werden kann (z.B. durch Beschränkung nur auf Zahlen zwischen 10 und 20). Zur Vermeidung von NULL-Werten (= nicht definierten Werten) kann die Eingabe von Attribut-Werten erzwungen werden. (vgl. [SAUER94], S. 19 - 23)

Zum identifizieren bestimmter Datensätze müssen diese einen eindeutigen (unique) Schlüssel, den Primärschlüssel (Primary-Key) besitzen. Dieser kann aus ein oder mehreren Attributen bestehen, üblicherweise wird hierfür ein neues Attribut mit fortlaufend vergebenem Integer-Wert eingeführt. In Beziehungsrelationen können Foreign-Keys definiert werden, die auf Primary-Keys anderer Relationen referenzieren und so Tabellen miteinander verknüpfen. (vgl. [SAUER94], S. 24 - 27)

Diese Art der Datenspeicherung ermöglicht die Vermeidung von Redundanzen, sie setzt aber auch eine Normalisierung des Datenbestandes voraus. Entsprechend dem Grad der Normalisierung werden in der Literatur mehr als fünf Normalformen (NF) vorgestellt, praxisrelevant sind i.d.R. nur die ersten drei sowie die darauf aufbauende Boyce-Codd-Normalform (BCNF) (vgl. [SAUER94], S. 192 f.). Ausgangspunkt der Normalisierung ist in der 1.NF die Unteilbarkeit jedes Attributes der Tupel einer

---

[1] In ([VOSSEN94] S. 18 f.) werden aber auch „erweitert relationale" oder „logik-orientierte" Systeme als Beispiele für postrelationale Systeme aufgeführt.

Relation (Universalrelationen-Schema-Annahme). Alle weiteren Normalformen bauen durch zunehmendes herausfiltern von Datenabhängigkeiten hierauf auf, wobei jede nachfolgende Normalform mindestens den Bedingungen der vorausgehenden genügen muß. (vgl. [VOSSEN94], S. 250) Die Sicherstellung der Eindeutigkeit von Schlüsselattributen basiert auf den relationalen Integritätsregeln. Ein RDBMS muß Entity- und referenzielle Integrität garantieren. Entity-Integrität bedeutet die Widerspruchsfreiheit eines Schlüssels, d.h. er darf weder doppelt vorkommen noch NULL-Wert sein. Referenzielle Integrität garantiert das physische Vorhandensein jedes verwendeten Fremdschlüssels einer Relation. (vgl. [SAUER94], S. 27) Ziel der Integritätsregeln ist ein stets konsistenter Zustand der Datenbank, d.h. jede Datenbank-Transaktion (TA^2) muß den Datenbestand in einem unversehrten Zustand hinterlassen, auch wenn parallele Prozesse auf denselben Datenbestand zugreifen und verändern. Zu diesem Zweck besitzt das DBMS eine Concurency-Control-Einheit, die Transaktionen im Bedarfsfall synchronisiert. Eine Recovery-Einheit trägt zudem dazu bei, nach wegen Fehlern abgebrochenen TA die Daten wieder in ihren Urzustand (vor Beginn der TA) zurückzuversetzen. Diese beiden Einheiten zusammen bilden den Transaktions-Manager und gewährleisten einen gewissen Grad an Fehlertoleranz, nicht nur im Multiusersystem. (vgl. [VOSSEN94], S. 443 - 450) Der Oracle 7.1 Server bietet allerdings auch die Möglichkeit zur „manuellen", d.h. im Programmcode implementierten Synchronisation von Zugriffen [vgl. (ORACLE92b], S. 4-36 ff.). Die bisher aufgeführten Grundlagen des relationalen Modells finden ihre Verankerung im Datenbankschema. Das Schema definiert die logische Datenstruktur, also die Relationen, aber auch weitere Datenbankobjekte, wie z.B. Indizes. Es enthält die Attribute mit ihren Domänen; sogenannte Constraints können die Domänen weiter einschränken oder Integritätsregeln in Form von Primär- bzw. Fremdschlüsseln beschreiben. (vgl. [VOSSEN94], S. 223 ff.) In einem Schema kann aber auch Einfluß auf die physikalische Speicherung genommen werden, z.B. durch Vorgeben von Speicherparametern zur Steigerung der Datenbank-Performance. Welche speziellen Mittel der Oracle 7.1 Server zur Performance-Steigerung bietet soll später ausführlicher behandelt werden.

2.1.3 Datenbankabfragesprachen

Die Relationenalgebra stellt die Grundlage der DB-Abfragesprachen von RDBS dar. Wichtigster Vertreter dieser Programmiersprachen der 4. Generation (4.GL) ist die von ANSI und ISO weitgehend standardisierte Structured Query Language (SQL) (vgl. [MAFR95], S. 5 u. 36). 4.GL-Sprachen zeichnen sich durch die Vorgabe von Such-Prädikaten statt Such-Pfaden aus. DBMSe dienen der Umsetzung solcher Suchanfragen von der abstrakten Ebene der Benutzersprache in die Ebene der physischen Speicherung. Dazu überprüft zunächst ein Parser den an den I/O-Processor übergebenen Befehl. Nach der anschließend durchgeführten Autorisierungskontrolle wird je nach Art der Anfrage der Query-Prozessor bzw. der Update-Prozessor eingeschaltet, um ggf. mit Hilfe vorhandener Indizes

---

^{2} Definition Transaktion: „Eine TA ist eine Folge von Operationen, welche eine gegebene Datenbank in ununterbrechbarer Weise in einen nicht notwendigerweise verschiedenen konsistenten Zustand überführt." ([VOSSEN94], S. 444)

einen optimalen Zugriffsplan auf die Daten zu erstellen. Bei der Eingabe von Befehlen zur Veränderung der Daten wird zusätzlich eine Integritätsprüfung durchgeführt, ehe der maschinennahe Code für das Zugriffsprogramm generiert wird. Bei Bedarf führt der TA-Manager eine Synchronisation paralleler Zugriffe durch, ehe auf der Ebene der Speicherverwaltung die entsprechenden Lese- und Schreibprozesse ausgeführt werden. SQL gilt damit als interpretierte Sprache. (vgl. [VOSSEN94], S. 33 ff.)

Man unterscheidet zur besseren Übersicht gewöhnlich drei Klassen von SQL-Befehlen: DDL-Befehle (Data Definition Language) zur Erzeugung, Änderung oder Löschung der Datenstrukturen, dazu gehören z.b. CREATE TABLE, ALTER SESSION, DROP INDEX. Weiterhin gibt es die DML-Befehle (Data Manipulation Language) zum Schreiben (INSERT), Lesen (SELECT), Ändern (UPDATE) oder Löschen (DELETE) von Daten. Die dritte Klasse umfasst Befehle der Data Control Language (DCL) zur Administration von Zugriffsrechten. Schlüsselwörter hierfür sind GRANT und REVOKE. (vgl. [MAFR95], S. 39 f.)

Der SELECT-Befehl zur Ausgabe von Datenzeilen der Tabellen steht im Mittelpunkt von SQL. Neben einer Projektion auf bestimmte Tabellenspalten ermöglicht das Angeben von bestimmten Bedingungen (Prädikaten) über einen WHERE-Clause eine Selektion ganz bestimmter Zeilen. Mehrere Prädikate können über logisches AND oder OR verknüpft werden. Durch Gleichsetzen von Schlüssel und Fremdschlüssel im WHERE-Clause können auch mehrere Tabellen miteinander verknüpft werden, diese Verknüpfung wird Join genannt. Sollen darüber hinaus an die durch einen WHERE-Clause selektierten Datenzeilen weitere Bedingungen geknüpft werden, so wird ein HAVING-Clause angehängt. (vgl. [MAFR95], S. 23 f.; [SAUER94], S. 59 - 61) Einführende Beispiele befinden sich in Übersicht B-1.

Als deklarative Sprache fehlt SQL die Möglichkeit der Erstellung von z.B. iterativen Algorithmen, hierfür müssten Schleifen-Konstrukte und bedingte Verzweigungen herangezogen werden. Zur Lösung solcher Probleme kann SQL aber in höhere (z.B.) prozedurale Programmiersprachen eingebettet werden (embedded SQL). RDBMS-Hersteller bieten hierfür entsprechende Schnittstellen an. Das Ergebnis einer DB-Abfrage wird dann über ein Cursor-Konzept satzweise abgearbeitet, wodurch die Ergebnismenge beliebig groß sein kann. (vgl. [SAUER94], S. 67 - 70)

Sind in embedded SQL-Programmen die SQL-Statements abhängig von Benutzereingaben, so können sie auch während der Laufzeit des Programmes dynamisch erstellt werden. Sprachmittel hierfür ist Dynamic SQL. Auch die Ergebnisse von mit Dynamic SQL erzeugten DB-Abfragen sind über Cursor abzuarbeiten. (vgl. [SAUER94], S. 93 ff.)

2.1.4 ORACLE 7.1 Server

Wie andere RDBS bietet auch der ORACLE in seinem Server 7.1 weitere über den Standard hinaus gehende Funktionalitäten bzw. Eigenschaften. Im folgenden werden drei wesentliche Charakteristika vorgestellt.

Interne Architektur

Kern des ORACLE 7.1 Servers bildet die aus dem System Global Area (SGA) und dem Programm Global Area (PGA) bestehende Speicherverwaltung (vgl. [FRMORAWE95], S. 25 f.). Sie belegt nach dem Starten einer ORACLE DB-Instanz den wesentlichen Teil des Hauptspeichers und kann durch Zuweisung von virtuellem Speicher ergänzt werden (vgl. [ORACLE93a], S: 9-16). Der PGA enthält userspezifische Datenstrukturen und Programme (vgl. [MAMORAWE95], S. 29 f.). Der SGA setzt sich aus Datenbankpuffer, Redo-Log-Puffer und gemeinsam genutztem Pool zusammen. Aktuell benötigte DB-Objekte, wie z.B. Tabellen oder Indizes werden im Datenbankpuffer zwischengespeichert (Cache), eine Dokumentation jeder Änderung im Datenbankpuffer erfolgt im Redo-Log-Puffer. (vgl. [MAMORAWE95], S. 27) Der gemeinsam genutzte Pool enthält neben dem Data-Dictionary-Cache einen Shared- und einen Private SQL-Bereich. Der Private SQL-Bereich wird automatisch jedem auszuführenden SQL-Statement einer Session[3] zugeordnet, es sei denn, dasselbe Statement wird mehrfach (aus verschiedenen Sessions) abgeschickt. Für diesen Fall werden Informationen hierüber im Shared SQL-Bereich gepuffert. (vgl. [ORACLE93a], S. 9-21 b. 9-28; [ORACLE92a], S. 4-10)

Der ORACLE 7.1 Server unterstützt insbesondere das Client-Server-Konzept. Abhängig von der Konfiguration kann jeder Client einen eigenen SGA besitzen, die verschiedenen Statements werden dann vom Server über den Parallel-Cache Manager parallelisiert. (vgl. [VOSSEN94], S. 573 f.)

SQL und PL/SQL

Neben diversen Erweiterungen des SQL92-Standards sowie besonderen Datentypen - der Datentyp LONG ermöglicht z.B. das Speichern von Daten bis zu 2 GB, allerdings nur in maximal einer Spalte je Tabelle (vgl. [ORACLE92c], S. 2-26) - besitzt ORACLE 7.1 die Sprache Programming Language SQL (PL/SQL). Hierbei handelt es sich um eine prozedurale Erweiterung von SQL um Schleifenkonstrukte, bedingte Verzweigungen usw., also eine vollständige Programmiersprache. Jede in PL/SQL erstellte kompilierte Prozedur, Funktion oder Paket kann als Objekt in der Datenbank gespeichert werden, über Namen und korrekte Parameter kann es aufgerufen und gestartet werden. Es wird dann in den Shared SQL-Bereich des gemeinsam genutzten Pool der SGA geladen, sessionspezifische Parameter werden im Private SQL-Bereich vorgehalten. Zur Ausführung wird die im 7.1 Server integrierte PL/SQL-Engine benötigt (vgl. [ORACLE93a], S. 11-8 ff.).

Durch verschiedene Anzahl und/oder Benennung der Übergabeparameter bzw. durch Vorgabe von DEFAULT-Werten ist ein Überladen von Prozeduren möglich (Overloading). Neben dem SQL-Standard werden auch hier zusätzliche Datentypen unterstützt, so z.B. PL/SQL-Tables (eindimensionale Arrays) oder BOOLEAN-Typen, letztere besitzen einen Wertebereich von TRUE, FALSE und NULL (vgl. [FRMORAWE95], S. 152 - 159).

---

[3] Eine Session dauert vom Einloggen bis zum Ausloggen in das DBMS.

Der Einsatz von PL/SQL ermöglicht eine wesentliche Steigerung der Effizienz bei vielen komplexen SQL-Abfragen. Darüber hinaus können sowohl SQL-Statements, als auch Dynamic-SQL in PL/SQL eingebunden werden.

Trigger

Zur Sicherstellung der Integrität können neben oben bereits erwähnten CONSTRAINTS im 7.1 Server sogenannte Trigger definiert werden. Trigger sind in PL/SQL erstellte Programmblöcke, die an DML-Befehle[4] auf definierte Relationen bzw. ihren Attributen gebunden sind. Sie werden gestartet (gefeuert, gezündet), bevor oder nachdem die entsprechende Spalte in irgendeiner Weise bearbeitet wurde. (vgl. [FRMORAWE95], S. 227 ff.) Mit Ausnahme von Spalten des Datentyps LONG können sowohl die Alt- als auch die Neuwerte der (des) betroffenen Tupel(s) gelesen und verarbeitet werden (vgl. [ORACLE92b], S. 8-8). Damit eignet sich das Trigger-Konzept z.b. auch für ein Auditing bei Expertensystemen.

2.2 World Wide Web

Seit seiner Einführung 1990 hat sich das World Wide Web (WWW) als der am häufigsten genutzte Dienst im Internet etabliert. Es wurde im Forschungszentrum CERN in der Schweiz entwickelt mit dem Ziel, den weltweit wirkenden Mitarbeitern eine einfache Möglichkeit des Informationstausches zu geben. (vgl. [W3_98a]) Dabei basiert das WWW auf einer einfachen Client-Server-Architektur. Web-Clients wie z.B. der Netscape Navigator[5] kommunizieren mit Web-Servern über das auf dem umgebungsunabhängigen Transmission Control Protocol / Internet Protocol (TCP/IP) aufbauende Hypertext Transfer Protocol (HTTP). (vgl. [KLUTE96], S. 28 f.) Dieses legt die Abarbeitung einer Anfrage in Form eines Request-Response-Schemas fest (vgl. [KLUTE96], S. 168):

1. Verbindungsaufbau: Der Client baut zum Server eine TCP-Verbindung auf.
2. Request: Nach erfolgreichem Verbindungsaufbau sendet der Client dem Server einen Request, i.d.R. die Aufforderung, ein bestimmtes Dokument zu senden.
3. Response: Der Server antwortet, indem er z.B. das angeforderte Dokument bzw. eine Fehlermeldung zurückgibt.
4. Verbindungsabbau: Nach erfolgtem Response können Server oder Client die Verbindung abbauen.

Der Abbau der Verbindung bewirkt eine Zustandslosigkeit des Protokolls, d.h. die Bearbeitung jedes Requests ist auf Serverseite ein abgeschlossener Prozeß, es werden keine Informationen für nachfolgende Requests gespeichert. Daraus ergibt sich eine minimale Belastung des Servers - neben der Geschwindigkeit der Anfragebearbeitung ein wesentliches Ziel des HTTPs. (vgl. [KLUTE96], S. 167 f.) Die zwischen Client und Server ausgetauschten Kommunikationseinheiten werden als Messages bezeichnet. Entscheidend für die Art einer Message ist die erste Zeile: Bei einem Request enthält sie

---

[4] Allein SELECT-Anweisungen sind hiervon ausgenommen.

[5] Weitere Web-Clients sind z.B. der Micosoft Internet-Explorer, der HotJava von Sun oder der an der University of Illinois entwickelte Mosaic-Browser.

„Methode angefragte_Datei HTTP-Version", wobei die Methode dem Server mitteilt, was mit der angefragten_Datei geschehen soll. Wichtige Methoden sind GET zum Abrufen der Datei oder POST zum Übergeben von Parametern, die zum Starten des mit angefragte_Datei bezeichneten Programms benötigt werden. Dagegen besteht die erste Zeile einer Response-Message aus „HTTP-Version Statuscode Text", wobei der Statuscode den Client über Erfolg bzw. Mißerfolg der Anfrage informiert und der Text den Statuscode mit Worten beschreibt (vgl. [KLUTE96], S. 170 ff., 188 ff.). Dieser ersten Messagezeile folgen optional weitere Headerzeilen mit allgemeinen Informationen, wie z.b. dem Datum, speziellen Request- oder Response-Headern, wie z.b. dem akzeptierten oder dem tatsächlich zurückgegebenen Dateiformat. Durch eine Leerzeile werden diese Headerzeilen von dem eigentlichen (ebenfalls optionalen) Dokument, dem Messagebody oder auch Entity getrennt (vgl. [KLUTE96], S. 170, 173 - 188).

Alle Messages im WWW müssen diesem Aufbau folgen, um vom HTTPd[6] als solche erkannt und weiterverarbeitet zu werden. Web-Clients und Web-Server (auch: HTTP-Server) produzieren ihren Output üblicherweise in diesem Format. Ist die Response-Message aber Ergebnis eines durch den HTTPd angestoßenen Programms, so sollte dieses den Messagebody auch mit dem entsprechenden Messageheader ausstatten (vgl. [GUNDAVARAM96], S. 43 - 45).

Zur Darstellung von im WWW abgelegten Dokumenten wird die Hypertext Markup Language (HTML) herangezogen, die zur Zeit in Version 4.0 vorliegt. (vgl. [W3_98b]) Hierbei handelt es sich um eine von der Standard Generalized Markup Language (SGML) abstammende und damit normierte Auszeichnungssprache, die mittels „Tags" (Auszeichnern) die Struktur einer Seite definiert. So gibt es beispielsweise Tags zum Festlegen von Textstellen als Überschrift, Listen oder Tabellen.[7] Weitere Auszeichner können ein Formular mit z.B. Texteingabefeldern, Radiobuttons und weiteren bekannten Elementen grafischer Benutzeroberflächen definieren. Durch das Absenden des Formulars aus dem Web-Browser heraus werden die vom Anwender eingetragenen Parameter einem verknüpften Programm übergeben. Für Requests dieser Art wird üblicherweise die weiter oben bereits erwähnte POST-Methode verwendet, die Parameter sind dann im Messagebody enthalten und unterliegen so keinen Restriktionen bzgl. ihrer Anzahl und Länge. (vgl. [KLUTE96], S. 173 f.)

Um den multimedialen Anforderungen gerecht zu werden kann HTML auch andere Dateiformate wie Grafik- oder Tondateien in ein Dokument einbinden. Die Darstellung des zurückgegebenen Datenobjekts ist abhängig vom Web-Browser. So kann dasselbe HTML-Dokument bei verschiedenen Browsern ein unterschiedliches Aussehen haben. Gängige Browser sind durch die Plug-In-Technik erwei-

---

[6] HTTPd: HTTP-daemon, daemon steht für disc and executation monitor, hier also ein ständig laufender Prozeß, der alle im HTTP-Format ankommenden Anfragen entsprechend bearbeitet.

[7] Eine umfassende Einführung in HTML gibt z.B. [TOLKSDORF95].

terbar. Wird von einem HTTP-Server z.B. eine Videosequenz zurückgegeben, so wird das entsprechende Plug-In automatisch gestartet[8] und das Video so gezeigt. (vgl. [KLUTE96], S. 43 ff.) Eine Charakteristische Eigenschaft von HTML ist der Hyperlink. Hinter einem solchen Link verbirgt sich der Verweis auf eine andere Textstelle im selben Dokument, auf ein anderes Dokument oder Programm auf demselben oder jedem beliebigen anderen HTTP-Server im Internet. Um ein Objekt im WWW eindeutig zu identifizieren sind Uniform Resource Locator (URL) notwendig. Jede URL hat das Format „Protokoll://Domainname/Pfad/Datei". (vgl. [KLUTE96], S. 34) Der Domainname entspricht einer eindeutigen Rechnerbezeichnung im Internet. Der Pfad wird vom HTTP-Server in einen rechnereigenen Pfad umgewandelt. Abhängig vom Pfad gibt der Server die angeforderte Datei zurück oder führt sie als Programm aus. Das Protokoll wird in der Literatur auch oft als Methode definiert (vgl. [TOLKSDORF95], S. 107 f.), ist dann aber nicht mit der für einen Request verwendeten Methode zu verwechseln.

Zur Parametrisierung von ausführbaren Programmen (Executables) durch den HTTPd dient das Common Gateway Interface (CGI). Hierbei handelt es sich um eine Schnittstelle im HTTP-Server in Form von fest definierten Umgebungsvariablen, die vom Programm abgefragt werden können. CGI-Variablen können dabei Informationen über den Client, zusätzliche Pfadinformationen oder vom Anwender übergebene Formulardaten enthalten, wobei letztere überhaupt erst die Interaktion im WWW ermöglichen.

Als Programmiersprache kann prinzipiell jede vollständige Sprache verwendet werden, Auswahlkriterium ist lediglich das zu erreichende Ziel. Am häufigsten wird für die CGI-Programmierung allerdings die Practical Extraction and Report Language (Perl) verwendet. Hierbei handelt es sich um eine interpretierende Sprache, die für das Filtern von Informationen aus Textdateien und die Weiterverarbeitung zu einer formatierten Ausgabe optimiert ist (vgl. [GUNDAVARAM96], S. 10 - 14). Für die Vorarbeitung von großen Datenmengen eignet sich Perl damit ebenso gut, wie für das Konvertieren des Ergebnisses nach HTML.

2.3 Objektorientierung und Java

Objektorientierte (OO) Programmiersprachen werden als 5.GL eingestuft. Ähnlich der 3.GL handelt es sich um vollständige Programmiersprachen, allerdings mit vielen im folgenden kurz vorgestellten neuartigen Konzepten.

Im Mittelpunkt einer OO Sprache steht das Objekt. Es beinhaltet Daten und Methoden[9], die diese Daten verarbeiten. Definiert wird ein Objekt in der Klassenbeschreibung. Ein Objekt ist demnach eine Ausprägung, eine Instanz einer Klasse (vgl. [FLANAGAN98], S. 53). Zwischen allen Klassen besteht

---

[8] Bei jedem Request gibt der Web-Client die als Antwort akzeptierten Dateiformate mit. Der Web-Server darf also nur Dateien in den so vorgegebenen Formaten zurückgeben, ansonsten würde die Response eine entsprechende Fehlermeldung enthalten. Wird also eine Datei im Videoformat zurückgegeben, so muß auch das entsprechende Video-Plug-In verfügbar sein.

[9] Im Sprachgebrauch der 3.GL sind Methoden Funktionen bzw. Prozeduren.

eine hierarchische Abhängigkeit, wobei Unterklassen immer mindestens alle Methoden und Eigenschaften der Oberklasse besitzen, sie wurden vererbt. Oberste Klasse ist immer die Klasse Objekt selbst (vgl. [ASGOWE98], S. 67 - 69).

Jedes Objekt speichert seine eigenen Daten in Variablen, wobei die gespeicherten Daten wiederum Objekte sein können. Andere Objekte sollten auf diese Variablen nicht direkt, sondern nur über entsprechende Methoden zugreifen können. Dieses Charakeristikum wird als Datenkapselung bezeichnet. (vgl. [KÜHNEL97], S. 23) Der Ablauf eines OO Programms besteht nun darin, daß die Objekte untereinander kommunizieren, d.h. sie rufen die Methoden anderer Objekte auf, übergeben Parameter und erhalten sie ggf. in veränderter Form zurück.

Etwa 1990 begannen Forscher bei SUN eine Programmiersprache in Anlehnung an C zu entwickeln. Sie sollte auf dem OO Paradigma basieren, und leicht portierbar sein. Die daraus entstandene Sprache Java erfüllte diese Eigenschaften. Sie läuft vollkommen unabhängig von Betriebssystem und zugrunde liegender Hardware und eignet sich aus diesem Grund sehr gut für Anwendungen im Internet. Seine Architekturunabhängigkeit verdankt Java dem Konzept der virtuellen Maschine. So erzeugt der Java-Compiler statt Maschinencode einen Bytecode, der von einem Java-Interpreter (= virtuelle Maschine) verarbeitet werden kann (vgl. [FLANAGAN98], S. 4). Der Bytecode wird auf dem Interpreter ähnlich wie Maschinencode auf der tatsächlichen CPU abgearbeitet.

In Java werden die üblichen einfachen Datentypen (z.B. boolean, int für Zahlen und char für ein Zeichen) sowie die nur anhand ihrer Speicheradresse zu verwaltenden Referenzdatentypen verarbeitet. Zu letzteren gehören auch Objekte und Arrays. (vgl. [FLANAGAN98], S. 25 - 35) Strings stellen unter Java eine Sonderrolle dar. Eigentlich handelt es sich um Arrays von Char-Typen, sie können aber vielfach wie einfache Datentypen gehandhabt werden. (vgl. [FLANAGAN98], S. 36) Dennoch erweist sich die Verarbeitung von Strings in Java verglichen mit anderen Programmiersprachen als nicht sonderlich komfortabel.

Java bietet die Möglichkeit zur Erstellung von Standalone-Applications, im WWW wird es aber oft zur Erstellung kleiner Applets herangezogen. Applets sind in eine HTML-Seite über den <APPLET> - Tag eingebettete kleinere Java-Anwendungen, die innerhalb des Web-Browsers ablaufen. (vgl. [FLANAGAN98], S. 9 - 13) Dieser bestimmt dann auch Interaktionsmöglichkeiten und Laufverhalten.

Java-Applets sind nicht zu verwechseln mit dem von Netscape und Sun definierten Javascript, welches HTML-Seiten mit einer Grundlogik und kleineren Interaktionsmöglichkeiten ausstatten kann, sich aber nicht zur Erstellung von eigenständigen Anwendungen eignet. (vgl. [KÜHNEL97], S. 302 f.)

3 Anforderungsanalyse und Anforderungsziel der Zeitreihendatenbank

Bei dem zu bearbeitenden Datenbestand handelt es sich um Zeitreihendaten, die monatlich, quartalsmäßig, jährlich oder in größeren Zyklen vom Statistischen Bundesamt erhoben wurden. Sie bilden einen Auszug aus dem statistischen Jahrbuch und sind mit diesbezüglichen Merkmalen (z.b. Angabe der Fachserie) in einem Maxdata-Zeitreihen-Datenbanksystem auf CD-ROM gespeichert. Das Daten-Retrival-System dieser Statisbund-CD mit seinen Weiterverarbeitungsmöglichkeiten werden im zweiten Abschnitt dieses Kapitels vorgestellt, nachdem zuvor auf die Struktur der Daten eingegangen wurde.

Denselben Datenbestand stellt das Statistische Bundesamt im WWW in Form von HTML-Dokumenten zur Verfügung. Der Leistungsumfang dieser Web-Seiten wird im dritten Abschnitt beschrieben.

Im vierten Abschnitt wird das Anforderungsprofil der zu implementierenden ORACLE-DB im Web in Form eines Pflichtenheftes präsentiert. Neben den wesentlichen Suchmerkmalen sollen hier auch Ansätze für eine Weiterentwicklung festgehalten werden.

3.1 Beschreibung des Datenbestandes

Das Maxdata-Datenbanksystem basiert auf dem hierarchischen Modell, d.h. es lassen sich verschiedene Ebenen an Daten herauskristallisieren, die in einer Parent-Child-Beziehung zueinander stehen (vgl. Abb. 1). An oberster Stelle stehen die Bereiche (z.b. Bevölkerung, Wahlen, usw.). Diese enthalten in der nächsten Ebene verschieden viele klassifizierende Untergliederungen (Klassifizierungsplan), fortan als Klassifizierungsgliederungsebene eins bis vier (= Max.) bezeichnet (kurz: KG1 - KG4). Am Ende jedes klassifizierenden Zweiges befinden sich Segmente. Damit ist ein Segment genau einem Bereich zugeordnet. Segmente können durch eine vierstellige Nummer identifiziert werden, wobei das Ändern einer Stelle dieser Nummer manchmal auf ein Segment mit ähnlicher Thematik verweist.[10] Das Eingeben eines Jokers bei der Suche an der entsprechenden Stelle bietet damit eine Verknüpfungsmöglichkeit zwischen ähnlichen Segmenten, bedingt aber das genaue Kennen der Datenstruktur.

Jedes Segment besteht wiederum aus 1 - max. 999 Zeitreihen (ZR), welche - im Gegensatz zu den Segmentnummern - fortlaufend nummeriert sind. Eine eindeutige Zeitreihen-Nummer (ZR-Nr)[11] setzt sich aus der vierstelligen Segmentnummer, zwei Leerstellen und der stets dreistelligen Unternummer zusammen.

---

[10] Z.B. beinhalten die Segmente 1430 - 1435 alle ZR über Stimmabgabe bei Wahlen, je Endnr. eines der neuen Bundesländer.

[11] Die ZR-Nr. wird im Maxdata-DBS als Datenreihenname oder nur Name bezeichnet.

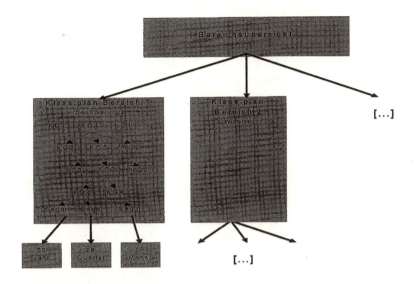

Abb. 1: Datenmodell der Zeitreihendaten im Maxdata-Datenbanksystem

Die Titel dieser Zeitreihen bestehen zwar aus einem zusammenhängenden Textstück, lassen sich aber in bis zu neun Ebenen gliedern. Von einer Zeitreihe zur nächsten ändert sich i.d.R. nur die Bezeichnung der letzten Gliederungsebene.[12] Für das unter ORACLE zu erstellende Datenmodell wird in diesem Zusammenhang von Titelgliederungsebenen gesprochen werden (kurz: TG1 - TG9).

Im Maxdata-DBS sind die Zeitreihen darüber hinaus je Bereich entsprechend ihres Erhebungszyklusses (s.u.: Periodizität) in drei disjunkte Blöcke unterteilt und entsprechend in verschiedenen DB-Dateien gespeichert. In Abb. 1 entspricht jeder ZR-Kasten einer solchen DB-Datei.

Jedes Segment hat darüber hinaus folgende zusätzliche Attribute:

- Periodizität, d.h. Zyklus der Datenerhebung (z.B. monatlich, jährlich)
- Regionalität, d.h. örtliche Abgrenzung der Daten (z.B. Gemeinden, neue Bundesländer)
- Aktualität, d.h. werden weiterhin Daten für diese Zeitreihe erhoben, oder ist sie abgeschlossen (üblicherweise der 1. Fall!)
- Quelle, hier wird i.d.R. Bezug auf Bezeichnungen der Statistischen Jahrbücher genommen (z.B. „Fachserie 4 Reihe 4.1.1", aber auch: „Kraftfahrzeugbundesamt")

Die Zeitreihen haben neben der Datenreihe und dem Titel als weiteres Attribut lediglich die Maßeinheit. Nachstehende Abbildung zeigt exemplarisch die Datenzusammenhänge.

---

[12] Ein Beispiel: ZR-Nr.: 1430 001 Stimmabgabe insg. / von 18 - unter 25 Jahre;
ZR-Nr.: 1430 002 Stimmabgabe insg. / von 25 - unter 35 Jahre; usw.

13

Ein Problem stellt die starke Verwendung von Abkürzungen in den Zeitreihentiteln dar. Durch die Feldlängenbegrenzung der Titel in Maxdata auf 232 Zeichen wurden darüber hinaus viele Worte abgeschnitten. Auch die nicht durchgängige Verwendung von Umlauten und Groß-/Kleinschreibung wird für die Anwendungsentwicklung von großer Bedeutung sein. So sind in den ZR-Titeln alle Wörter groß und ohne Umlaute geschrieben, während dieses in den Bezeichnungen für Segmente und Bereiche nicht der Fall ist.

Benennung	Zweck	Beispiel		Zusatzinfo
Bereich	Thematische Gliederung der Gesamtdaten	Bevölkerung Wahlen Erwerbstätigkeit		
Klassifikations-plan	Gliederung der Bereiche	3.2 Mikrozensus 3.3 Beschäftigungsstatistik 3.4 Arbeitsmarktstatistik 3.4.1 Statistische Arbeitsvermittlung 3.4.2 Schätzung Erwerbstätige		
Segment	Zusammenfassung von bis zu 999 thematisch gleichen ZR	Erwerbs-, Nicherwerbspersonen, n. überwiegendem Lebensunterhalt, nach Geschlecht und Altersgruppen	0405	Regionalität, Zeitraum der ZR, Quelle, Periodizität
Zeitreihen(titel)	Datenbasis	FRUEHERES BUNDESGEBIET /ERWERBSPER-SONEN /MIT UE-BERW. LEBENS-UNTERH. AUS BZW.DURCH ER-WERBSTAETIGK. /MAENNLICH	0405 001	Maßeinheit, Werte

Abb. 2: Übersicht über Datenzusammenhänge

3.2 Leistungsprofil der Statisbund-CD

3.2.1 Zentrale Funktionen[13]

Im Hauptmenü befinden sich u.a. folgende Menüpunkte:

- **(Bindestrich)** (Abb. A-1)
- LANGUAGE: Auswahl zwischen deutscher, englischer und französischer Sprache bei der Benutzerführung.
- USER MANUAL: Online-Gesamtdokumentation.

DATABASE (Abb. A-2)

- STATISBUND: Auswahl eines Bereiches der Zeitreihen-DB des Statistischen Bundesamtes. Für den gewählten Bereich erfolgt dann ein Menü, über das die Periodizität auf Monats-, Quartals- oder Jahresdaten weiter eingeschränkt wird. Fortan getätigte Recherchen beziehen sich nur auf die so aktiv gesetzte DB-Datei.
- DBBK: Auswahl eines Bereiches der Zeitreihen-DB der Deutschen Bundesbank. Dieser Datenbestand wurde im Rahmen dieser Arbeit nicht verwendet.
- OTHER PERIODICITY: Von dem zuletzt gewählten Bereich kann eine andere Periodizität gewählt werden. Für die weitere Suche wird so eine andere DB-Datei aktiviert.

3.2.2 Suchfunktionen

Das Maxdata-DBS bietet unter dem Hauptmenüpunkt **RETRIEVAL** drei Suchfunktionen an, Retrieve, List und Classification Plan (Abb. A-3). Ergebnis bildet jeweils eine Liste von Zeitreihen (-titeln) (Abb. A-4).

RETRIEVE

Ein Fenster zur Eingabe von bis zu 5 Stichwörtern wird eingeblendet (Abb. A-5). Über den Button „INDEX" läßt sich entsprechend der Eingabe per Matchcode eine Auswahlliste mit Wörtern anzeigen. Die hieraus ausgewählten bzw. direkt eingegebenen Wörter können durch ein logisches UND, ODER oder NICHT miteinander verknüpft werden. Der Button „STARTEN" startet die Recherche, und zwar unabhängig vom aktiv gesetztem Bereich mit Periodizität (s.o.) über sämtliche Zeitreihentitel. D.h. aber auch, daß keine Einschränkung der Suche auf einen bestimmten Bereich möglich ist! In Abb. A-6 wird der durchsuchte Bereich im Datenmodell verdeutlicht.

Als Suchergebnis gibt eine tabellarische Übersicht Auskunft über die Trefferanzahl mit Angabe von Bereich und Periodizität (Abb. A-7). Wird eine Ergebniszeile dieser Tabelle angeklickt, so kann man sich bis zu 400 der gefundenen ZR auflisten lassen. Allerdings sind die Treffer einfach durchnumeriert, wodurch eine genauere Spezifizierung der anzuzeigenden ZR an dieser Stelle nicht möglich ist.

---

[13] Es wurden nur die wesentlichen Funktionen erläutert.

LIST

Dieser Menüpunkt ist nur anwählbar, wenn ein Bereich mit Periodizität (eine DB-Datei) aktiviert wurde (s.o.), auf welche die Suche eingegrenzt wird. In Abb. A-8 wird der durchsuchte Bereich im Datenmodell verdeutlicht. Nach der Auswahl von LIST erscheint ein Fenster mit folgenden Suchoptionen (Abb. A- 9):

- Anzeige aller Datenreihen: Listet alle ZR-Titel des aktiven Bereiches/Periodizität fortlaufend auf, i.d.R. also mehrere Tausend (entsprechend der in Abb. A-4 dargestellten Form).

- Anzeige ab bestimmter Datenreihennummer: Je DB-Datei sind die ZR durchnumeriert, diese Nummer kann als Auswahlkriterium angegeben werden. Eine Zuordnung von „Datenreihen-nummer" zu ZR findet nur bei der hierauf folgenden Ergebnisübersicht der Zeitreihen statt.

- Anzeige ab bestimmtem Datenreihennamen: Es wird ein Fenster mit allen ZR-Namen (vgl. Kap. 3.1: ZR-Nr.) der aktuell gewählten DB-Datei angezeigt (Abb. A-10). Wird ein Name markiert, so werden alle folgenden ZR in der Übersicht ausgegeben.

- Kommentartext-Suche von Datenreihen: Ein neu eingeblendetes Fenster (Abb. A-11) ermöglicht die Eingabe von bis zu drei Textstücken. Maxdata durchsucht in der aktiven DB-Datei alle ZR-Titel nach diesen Textstücken und zeigt die gefundenen Treffer an. Da hier offensichtlich eine Volltextrecherche gestartet wird, sind Suchzeiten von mehreren Minuten nicht ungewöhnlich.

- Suche von Datenreihen per Namensfragment: Es erscheint das gleiche Bild wie bei der Anzeige ab bestimmtem Datenreihennamen (Abb. A-10). Im Gegensatz zu oben kann jetzt ein Name explizit und mit Verwendung von Jokern für einzelne Stellen eingegeben werden.

CLASSIFICATION PLAN

Wie beim Menüpunkt LIST muß auch hier zuvor ein Bereich mit Periodizität ausgewählt werden. Man erhält eine Gliederungsübersicht über alle Klassifizierungsgliederungseben dieses Bereichs (Abb. A-12) sowie den zugehörigen Segmenten im „plain text"-Format. Die Suchfunktion entspricht den in gängigen Textverarbeitungsprogrammen implementierten Funktionen (Abb. A-13). Wird ein Treffer in einem Segmenttitel gefunden, so muß sich die (bzw. eine der) dahinterstehende(n) Segmentnummer(n) gemerkt werden. Der Button „NAME" blendet dem Anwender ein Fenster ein, in dem er diese Nummer oder ein Fragment davon eintragen kann (Abb. A-14). Nach Bestätigung erscheint auch hier die Übersicht der entsprechenden ZR in Form einer Tabelle.

Als sehr kritisch erweist sich hier der fehlende Zusammenhang zwischen der aktivierten DB-Datei (die sich ja nur auf eine bestimmte Periodizität des aktuellen Bereichs bezieht) und der Suche über alle Segmente des Bereichs. In Abb. A-15 wird der Suchbereich dargestellt. So können hier auch Segmente gefunden werden, die nicht der gewählten Periodizität entsprechen. Überträgt man z.B. die Nummer eines Segmentes mit Quartalsdaten in das Fenster zur „Suche nach Namensfragmenten", so erhält man weder ein Ergebnis noch eine Anzeige mit entsprechendem Hinweis, warum nichts gefunden wurde. Zur Lösung des Problems muß der Anwender bei jedem gefundenen Segment in der Übersicht nach rechts scrollen, um dort die Information über die Periodizität des entsprechenden Segments abzulesen (vgl. Abb. A-16 mit Abb. A-13).

3.2.3 Auswertende Funktionen[14]

Alle im folgenden beschriebenen Funktionen können außer aus dem Hauptmenü auch über den Button „OPTIONEN" auf den durch Suchergebnisse generierten Treffer-Übersichten aufgerufen werden (Abb. A-4). In beiden Fällen bezieht sich die Auswertung auf zuvor markierte Zeitreihen.

REPORT

REPORT: Ermöglicht die formatierte, tabellarische Ausgabe von Zeitreihen auf Bildschirm, Drucker oder in Datei (Abb. A-17). Bei Anzeige auf dem Bildschirm kann nur der Titel der jeweils gerade markierten Zeitreihe angezeigt werden.

GRAPHICS

LINES, BARS, PIES, SCATTER: Die gewählten Zeitreihen können skaliert und mit logarithmiertem Maßstab dargestellt werden (entsprechende Abfragefenster). Sie können auf Wunsch in vergleichender Grafik zunächst am Bildschirm (Abb. A-18) und dann auf dem Drucker ausgegeben werden. Das Speichern des Ergebnisdiagramms ist nur über Screenshots möglich.

TRANSFER

EXPORT: Hier wird das Speichern von markierten ZR-Daten ermöglicht. Dabei kann zwischen diversen Dateiformaten gewählt werden. Ergebnis der Speicherung sind zwei Dateien, eine enthält die Datenreihen, die andere den ZR-Titel.

EVALUATION[15]

STATISTICS: Ermöglicht die Berechnung typischer statistischer Lagemaßzahlen (z.B. Mittelwert, Standardabweichung) oder Wachstumsraten mit Basis Vorperiode oder Vorjahresperiode. Die Ergebnisse können über Bildschirm, Drucker oder Datei ausgegeben werden.

3.2.4 Zusammenfassung

Im Retrieval-System in Maxdata wäre an vielen Stellen eine stärkere Benutzerführung wünschenswert. Dafür zeichnet sich das System durch sehr gute Weiterverarbeitungsmöglichkeiten aus. Folgende Übersicht soll Stärken (Vorteile) und Schwächen (Nachteile) von Maxdata auf der Statisbund-CD zeigen:

Vorteile

- Formatierte Ausgabe mehrerer ZR auf dem Bildschirm ist möglich.
- Grafische Aufbereitung mehrerer ZR im Vergleich ist möglich, diverse Darstellungsmöglichkeiten.

---

[14] Auch hier wurde sich nur auf wesentliche Funktionen beschränkt.

[15] Maxdata stellt unter diesem Menü weitere statistische Methoden zur Datenauswertung bereit, so z.B. die Berechnung gleitender Durchschnitte oder Regressionsbeziehungen. Auf der Statisbund-CD sind diese aber nicht komplett implementiert, daher wird auf diese nicht weiter eingegangen. Sie sind in [HENNERKES90] ausführlich beschrieben.

17

- Skalierung der Grafik auch auf logarithmischen Maßstab auswählbar.
- Speicherung auch mehrerer Datenreihen in einer Datei unter Auswahl verschiedener Dateiformate.
- Grundlegende statistische Auswertung der Datenreihen wird angeboten.
- Unter anderem durch Auslagerung des Gesamtindexes aller Schlagworte und des Indexes der aktiven DB-Datei auf die Festplatte sehr gute Suchperformance, d.h. gute Antwortzeiten.
- Der Stand der Suche läßt sich am Bildschirm verfolgen und jederzeit abbrechen, ohne daß bis dahin gefundene Treffer verloren gehen.

Nachteile

- Keine kontextsensitive Hilfe, sondern lediglich eine gesamte Online-Dokumentation.
- Fehlende Benutzerführung während der Suche, z.b. keine Meldungen, warum kein Ergebnis gefunden wurde.[16]
- Es können keine Metadaten[17] in die Suche einbezogen werden, z.b. keine Suche auf Segmentebene eines Bereichs unter Beschränkung auf Daten der neuen Bundesländer.
- Es kann nicht auf Segmentebene über mehrere Bereiche gesucht werden.
- Bei Suche auf Segmentebene kein direkter Bezug zu Zeitreihen.
- Unzeitgemäße Handhabung von Suchergebnissen auf Segmentebene.
- Keine semantische Suche z.B. über Verwendung eines speziellen Thesaurus möglich, z.B. Suche nach „Armut" erfolglos, da nur „Sozialhilfeempfänger" vorhanden.
- Dadurch vielfach auch semantisch unvollständige Suchergebnisse, z.b. bei Suche nach „Abfallbeseitigung" wird „Muellbeseitigung" nicht gefunden.
- Abkürzungen verhindern das Finden von Daten, obwohl diese vorhanden sind, z.b. die Sucheingabe „Abgeordnete" findet zwar diese, nicht aber die Titel mit „Abgeordn.".
- Probleme der eben beschriebenen Art können teilweise durch Nutzung des Schlagwortindexes behoben werden, sofern sich die Suche auf ZR-Titel und nicht auf Segmente bezieht.
- Keine weiterqualifizierende Auswahl der Ergebnistreffer möglich.
- Teilweise undurchsichtige Suchoptionen, z.B. bei der Verwendung der Datenreihennummer unter „LIST", diese geht mit der aktiven DB-Datei einher und wird an keiner anderen Stelle verwendet.[18]
- Es besteht keine Möglichkeit zur globalen Suche nach einer ZR-Nr. über sämtliche Zeitreihen.
- Losgelöste Speicherung des ZR-Titels in zweiter Datei.
- Grafik kann nicht direkt gespeichert werden.

---

[16] Eine solche Meldung könnte z.B. darüber informieren, daß zwar einzelne Suchwörter gefunden wurden, deren Schnittmenge aber aus einer leere Menge besteht.

[17] [MAKRSC96] beschreibt ausführlich die Bedeutung von Metadaten (= Informationen über Daten) für Recherchen in Informationssystemen.

[18] Die Datenreihennummer darf also nicht verwechselt werden mit der einzugebenden Nr. bei Suchergebnissen.

3.3 Leistungsprofil der Zeitreihendatenbank des Statistischen Bundesamtes im WWW

Wie zu Beginn dieses Kapitels bereits erwähnt bietet das Statistische Bundesamt (SBA) als Datenlieferant „seine" Zeitreihendaten auch im WWW an. Unter der URL: „http://www.statistikbund.de/zeitreih/home.htm" (Abb. A-19) findet der Informationssuchende den Datenbestand in Form von HTML-Dokumenten, die über Links miteinander verknüpft sind.

Das zugrunde liegende Datenmodell entspricht dem in Abb. 1 gezeigten, allerdings sind hier die Zeitreihen bereits in den Segmentdokumenten enthalten. Genauer setzt sich jedes Segment aus vier HTML-Dokumenten zusammen. Das erste enthält als Übersicht eine Kurzbeschreibung des Segmentinhalts, das zweite die Zeitreihentitel in gegliederter Form (vgl. vorab Abb. A-24 und A-25). Das dritte Dokument informiert über genaue Eigenschaften dieser Statistik, also die den Daten zugrunde liegende Erhebung. Das vierte Dokument beschreibt die Darstellungsarten des Segments, also z.B. den fachlichen und regionalen Darstellungsbereich oder die Periodizität der Darstellung. Schließlich gibt es zu jedem Segment noch eine allgemeine Hilfe, die weitere Begriffsinhalte definiert.[19]

Die Eingangsseite enthält die nachfolgend beschriebenen drei Sektionen.

3.3.1 Dokumentationen und Recherche

Zur Recherche bieten diese WWW-Seiten folgende Auswahlmöglichkeiten:

Datenbestand

Der Anwender erhält hier einen Überblick über alle Bereiche. Über weiter klassifizierende Gliederungsebenen kann er sich bis auf Segment- und damit auf Zeitreihenebene „herunterhangeln" (Abb. A-20 bis A-25). Dabei sind teilweise mehrere Segmente mit identischer Segmentbeschreibung zunächst zusammengefasst (Abb. A-22 und A-23).

Suchen

Es kann nach einem oder mehreren Suchbegriffen gesucht werden. Optional kann die Suche auf bestimmte Segmente entsprechend ihrer Periodizität, ihrer Regionalität oder der Aktualität eingeschränkt werden. Darüber hinaus ist eine Einschränkung auf 20, 40 oder 100 Segmenttreffer möglich (Abb. A-26).

Aus der implementierten Suchhilfe läßt sich entnehmen, daß mehrere eingegebene Wörter automatisch durch ein logisches UND verknüpft werden. Andere Verknüpfungen sind nicht vorgesehen. Es werden auch Tips zur Suche angegeben, so z.B. der Hinweis, daß hier Umlaute korrekt zu verwenden sind. Zur Vermeidung des Singular-Plural-Problems (z.B. Preisindex - Preisindizes) wird geraten, bei der Worteingabe entsprechende Jokerzeichen zu verwenden

---

[19] Zum Beispiel Begriffsinhalt zu „Eheschließungen": Als Eheschließungen gelten standesamtliche Trauungen.

(Preisind*), es wird aber auch auf den Suchindex verwiesen. Groß-/Kleinschreibung wird bei den Suchwörtern nicht unterschieden.

Als Ergebnis der Suchanfrage erhält der Anwender eine bereichsunabhängige Liste mit Segmenten. Diese sind entsprechend einem (wie auch immer) vergebenen Score-Wert sortiert, und die Segmente lassen sich direkt anwählen (Abb. A-27). Die Zeitreihen des gewählten Segments werden unabhängig von den eingegebenen Suchbegriffen stets vollständig angezeigt (Abb. A-28).

Segmentverzeichnis

Hinter diesem Link kann der Anwender über die zunächst überblicksartig in Hunderter-Blöcken angezeigten und im Folgebild einzeln aufgeführten Segmentnummern direkt auf die Segmente zugreifen (Abb. A-29 und A-30). Da die Nummern vorgegeben sind, ist das Verknüpfen mehrerer Segmente durch Verwendung von Jokern nicht möglich. Auf der Überblickseite der Segmente wird aber unter „Bemerkungen" auf themengleiche Segmente hingewiesen (Abb. A-31). Ein „Quereinstieg" dieser Art bedingt das nähere Kennen der Daten, ist aber in Fachkreisen nicht unüblich.

Definitionen

Der Definitionskatalog enthält Begriffserläuterungen (s.o.) zu ca. 1400 Schlagwörtern aus den Segment- und Zeitreihentiteln (Abb. A-32). Neben dieser Begriffsabgrenzung dient er zur Unterstützung bei der Vergabe von Suchwörtern.

3.3.2 Weiterverarbeitung der Zeitreihen

Die WWW-Seiten des SBA bieten weder die Möglichkeit die Daten weiterzuverarbeiten noch die Datenreihen der Zeitreihentitel online anzeigen zu lassen. Stattdessen können unter der Voraussetzung, daß man einen entsprechenden Account mit Passwort besitzt, gefundene Zeitreihen über Checkboxes selektiert (Abb. A-25) und am Ende online bestellt werden. Kurze Zeit darauf liegen die Daten in Form von zwei Dateien (eine Datendatei, eine Titeldatei, wie bei der CD) im accounteigenen Bereich des SBA-FTP-Servers zum Herunterladen bereit. Zur Konvertierung dieser in speziellem Format des SBA vorliegenden Dateien wird ein wenige KB großes Tool zum Herunterladen angeboten. Es unterstützt u.a. die Erstellung der Datenreihen in einem Format für Tabellenkalkulationsprogramme (Abb. A-33 und A-34). Darüber hinaus kann dieses unter MS-DOS oder Windows laufende Programm die ZR auch direkt am Bildschirm darstellen (Abb. A-35). Eine Auswertung des Zahlenmaterials oder grafische Aufbereitung wird allerdings nicht unterstützt.

Für die Bereitstellung der Daten stellt das SBA dem Anwender quartalsweise eine Rechnung.

3.3.3 Zusatzinformationen

In dieser dritten Sektion der Eingangsseite findet der Anwender allgemeine Informationen über den Zeitreihenservice. So wird der grundlegende Aufbau des Datenbestandes ebenso beschrieben, wie die Kostenregelungen für das Registrieren und das Bestellen von Daten. Für die Nutzung von Bedeutung sind darüber hinaus die Gliederung der Segmente und ZR nach Periodizität, Regionalität usw.

Weiterhin wird laufend über neu hinzugefügte Daten oder veränderte Segmente berichtet. Auch geplante Segmente werden aufgeführt.

3.3.4 Zusammenfassung

Recherchen in den WWW-Seiten des SBA durchsuchen nicht die DB, sondern vorgefertigte HTML-Dokumente. Das System bietet insgesamt folgende Vor- und Nachteile:

Vorteile

- Sehr ausführliche Dokumentationen der Struktur der Daten gibt sinnvollen Überblick für die Recherchedefinition.
- Zeitgenaue Protokollierung von Änderungen im Datenbestand.
- Es sind sehr viele Metadaten über die Segmente vorhanden, z.b. Informationen über die Art der Statistik.
- Gute Benutzerführung, da die Hilfefunktion aus allen Dokumenten heraus kontextsensitiv aufrufbar ist.
- Durch vorgefertigte WWW-Seiten insgesamt kurze Antwortzeiten.
- Recherche läßt Einschränkung auf weitere Segmenteigenschaften zu, z.B. Periodizität.
- Begrenzung der Trefferanzahl verkürzt Suchzeiten.
- Suche bezieht sich auf Segment- und Zeitreihenebene über alle Bereiche.

Nachteile

- Nur logische UND-Verknüpfung zwischen den Suchbegriffen möglich.
- In Ergebnisliste findet keine Gliederung der Segmente nach Bereichen und KG statt.
- Keine Einschränkung der Suche auf bestimmte Bereiche möglich.
- Auf Zeitreihenebene werden unabhängig vom Suchbegriff stets alle Zeitreihen zum zugehörigen Segment ausgegeben, teilweise also hunderte von ZR, obwohl nur wenige gesucht wurden.
- Keine kontextsensitive Hilfe, wenn keine Treffer erzielt wurden.
- Datenreihen können nicht vorab im WWW angesehen werden.
- Keine statistischen Auswertungen ohne Zusatzprogramm möglich.
- Keine grafische Aufbereitung vorgesehen.
- Bereitstellung der Datendateien ist von Öffnungszeiten des Rechenzentrums im SBA abhängig.

Anmerkung: Das System bricht die Recherche ab, wenn nach 60 sek. kein Ergebnis gefunden wurde.

3.4 Pflichtenheft

Aus der in den Kapiteln 3.2 und 3.3 beschriebenen Analyse vorhandener Systeme ergibt sich nachfolgender Anforderungskatalog für das zu erstellende System. In Anlehnung an ([BALZERT96], S. 102 - 106) wurde der informale, textuelle Ansatz für die Pflichtenhefterstellung gewählt. Stark vereinfachend wurde nur zwischen Muß- und Kannkriterien sowie eventuell zukünftig anstehenden Erweiterungen unterschieden.

3.4.1 Allgemeine Anforderungen

Mußkriterien

1. Suche auf Segment- und Zeitreihenebene.
2. Einschränkung der Suche auf bestimmte Bereiche und/oder Segmente.
3. Einschränkung der Suche auf die Segmentattribute (Periodizität, Regionalität, Aktualität, Quelle).
4. Suche nach ein oder mehreren Suchbegriffen.
5. Die Suchbegriffe sollen resistent sein gegen Klein-/Großschreibung, Verwendung von Umlauten und Abkürzungen im Datenbestand.
6. Verknüpfung sinnverwandter Wörter in der Datenbank über Thesaurus (Bsp.: Abitur - Hochschulreife).
7. Bereiche, Klassifizierungsgliederungsebenen (KG), Segmente einerseits und die einzelnen Titelgliederungsebenen (TG) der Zeitreihen andererseits sollen jeweils in gegliederter Baumstruktur angezeigt werden.
8. Die Zweige dieser Bäume sollen durch einfaches Klicken auf- und zugeklappt werden können.
9. Bei Suchergebnissen sollen nur die gefundenen Segmente bzw. Zeitreihentitel angezeigt werden.
10. Suchergebnisse sollen in der Form ausgegeben werden, daß KG bzw. TG bis zu genau der Fundstelle des Wortes aufgeklappt werden.
11. Eine Trefferanalyse soll die Möglichkeit zur Aufgliederung der Treffer geben.
12. Werden keine Treffer erzielt oder liegt die Suchzeit über 60 sek., so soll automatisch in die Trefferanalyse verzweigt und der Anwender auf den Grund des Abbruchs hingewiesen werden.
13. Der Anwender soll auf Fehler in der Recherchedefinition entsprechend hingewiesen werden.
14. Die Datenreihen einzelner ZR sind in tabellarischer Form anzuzeigen, sollen aber auch als Datei im „plain text"-Format zum Herunterladen bereitgestellt werden.
15. Es soll die Möglichkeit zum Quereinstieg über Segment- oder ZR-Nummer bereitgestellt werden.

Kannkriterien

16. Verschiedene logische Verknüpfungsmöglichkeiten zwischen den Suchbegriffen können gewählt werden.
17. Bei Suchabbruch kann ggf. in Trefferanalyse eine Eingrenzung der Suchkriterien stattfinden, um die Suche fortzusetzen.
18. Die Datenreihen können auf Wunsch grafisch aufbereitet angezeigt werden.
19. Es können statistische Lagemaßzahlen angezeigt werden.

Grafische Benutzeroberfläche

Die Abbildungen A-36 bis A-43 zeigen in Form statischer HTML-Seiten, wie die zuvor genannten Anforderungen in der Benutzeroberfläche dargestellt werden. Diese Seiten sind später dynamisch aus dem Datenbestand zu generieren. Nachfolgend werden die einzelnen Funktionen mit Bezug auf die Mußkriterien im Pflichtenheft beschrieben:

Abb. A-37:

Eingabefenster: Hier sollen ein oder mehrere Suchbegriffe eingegeben werden können. Diese werden automatisch mit logischem ODER verknüpft. Später ist eine Erweiterung auf andere Verknüpfungsarten vorgesehen (Punkt 4 und 16).

Suchbezug: Wenn die Option „Nur auf die unten markierten Ebenen" gewählt wird, müssen im (unter Übersicht/Ergebnisanzeige dargestellten und in Abb. A-38 weiter ausgeklappten) Klassifizierungsplan Bereiche oder Segmente über Checkboxes ausgewählt werden (Punkt 1).

Metasuchhilfen: Hier sollen Hilfstabellen in die Suche einbezogen werden können, um auch nach z.B. abgekürzten Versionen des Suchwortes oder Synonymen suchen zu können (Punkt 5 u. 6).

Weitere Suchoptionen: Hier soll auf die angezeigten Segmentattribute eingeschränkt werden können (Punkt 3).

Ergebnisanzeige: Die Option „Anzeige der Trefferanzahl" soll in eine Trefferanalyse verzweigen, in der die Trefferanzahl zu den einzelnen gefundenen Schlagwörtern und anderen Suchoptionen angegeben werden soll (Punkt 11).

Übersicht/Ergebnisanzeige: Hier sollen zunächst die mit Links hinterlegten Bereiche angezeigt werden. Ein Klick auf einen Bereich soll das Ausklappen der nächsten Gliederungsebene bewirken (vgl. Abb. A-38). Über die Checkboxen vor den Bereichen soll eine definierte Recherche zusammen mit der o.a. Option „Suchbezug" auf einzelne Bereiche eingeschränkt werden können (Punkt 2, 7 u. 8).

Abb. A-38:

Klassifizierungsplan: Es soll ein (baumartig ausgeklappter) Klassifizierungsplan angezeigt werden. Neben den Bereichen sollen auch vor den Segmentbeschreibungen Checkboxen zur Einschränkung der Suche auf die dahinter stehenden Segmente erscheinen. Ein Klick auf ein Segment soll auf die Anzeige der Zeitreihentitel zu diesem Segment verzweigen (vgl. Abb. A-39), (Punkt 2, 7 u. 8).

Abb. A-39:

Zeitreihentitel: Auch die Zeitreihentitelgliederungsebenen sollen baumartig ausgeklappt werden können. Ein erneuter Klick auf eine Titelgliederungsebene soll das Einklappen der tieferen Gliederungsebene bewirken. Am Ende soll die jeweilige Zeitreihe stehen (Punkt 7 u. 8).

Abb. A-40:

Ergebnisanzeige: Bei Rechercheergebnissen sollen nur die Gliederungsebenen angezeigt werden, in denen Treffer erzielt wurden (vgl. mit Abb. A-38). Wenn auch Zeitreihentitel Treffer enthalten, so sollen die entsprechenden Segmente angezeigt werden, wobei dort eine Auswahl bestehen soll: Ein Klick auf das Segment soll das einfache Anzeigen aller Zeitreihentitel des Segments bewirken (gem. Abb. A-39), während die Anzeige der Zeitreihentreffer über einen gesonderten Link („Anzeige von n Zeitreihen zum Suchbegriff") anzuwählen ist (vgl. Abb A-41), (Punkt 9 u. 10).

Abb. A-41:

Ergebnisanzeige der Zeitreihen: Auch auf Zeitreihenebene sollen nur die Gliederungsebenen mit erzielten Treffern angezeigt werden (vgl. mit Abb. A-39). Ein Klick auf eine aus diesem Grund unvollständig ausgeklappte Gliederungsebene soll zunächst ihr vollständiges Ausklappen bewirken, ein weiterer Klick soll die Ebene einklappen (Punkt 9 u. 10).

Abb. A-42:

Zeitreihenanzeige: Sind alle Gliederungsebenen eines Zeitreihentitels ausgeklappt, soll sich über die Zeitreihennummer die Zeitreihe gemäß der Abbildung anzeigen lassen. Von dieser HTML-Seite soll die Möglichkeit bestehen, sich die Datenreihe im ASCII-Format herunter zu laden (Punkt 14).

Abb. A-43:

Suche über Segment-Nr.: Es soll hier die Möglichkeit zum Quereinstieg über die Segmentnummer bestehen. Dabei soll die Verwendung von Jokern möglich sein (Punkt 15).

Suche über laufende Zeitreihen-Nr.: Über die Segmentnummer hinaus soll auch auf bestimmte Zeitreihennummern (ebenfalls mit Jokerverwendung) eingeschränkt werden können. Eine Eingabe nur der laufenden Nr. (ohne Segment-Nr.) soll nicht möglich sein (Punkt 15).

3.4.2 Zukünftige Anforderungen

Jedes Programm sollte bestimmte Schnittstellen für eine Weiterentwicklung offen lassen. Nachfolgend eine Auflistung möglicher zukünftiger Anforderungen:

1. Der Anwender soll bereits während der Recherchedefinition auf Eingabe-Fehler hingewiesen werden (kontextsensitive Hilfe).

2. Grafische Aufbereitung sowie Weiterverarbeitung der Daten soll auf Client-Seite möglich sein, beispielsweise in Form von statistischen Auswertungen, lokalem Speichern von Daten und Grafik beim Client usw.

3. Es soll die Möglichkeit bestehen, Suchbegriffe über Matchcode auszuwählen.

3.4.3 Zusammenfassung

Zielsetzung dieses Systems ist eine optimale Anwenderunterstützung bei der Recherche unter Ausnutzung der Möglichkeiten der zugrunde liegenden relationalen ORACLE 7.1 Datenbank. D.h. alle angezeigten HTML-Dokumkente sollen dynamisch entsprechend der Anwendereingaben erstellt werden, was auch die Ausgabe von Verbesserungsvorschläge für fehlgeschlagene Recherchen beinhaltet. Datenprobleme (Abkürzungen, Umlaute, Groß-/Kleinschreibung) sollen verborgen bleiben. Sehr wesentlich ist in diesem Zusammenhang die Verbindung semantisch zusammengehöriger Wörter sowie die Erweiterung des Systems um Synonyme in Form eines Thesaurus.

Für die Implementierung resultiert hieraus eine hohe Aufsplittung der einzelnen Suchoperationen, um programmseitig frühzeitig und genau Probleme zu erkennen. Darunter darf aber die Suchperformance so wenig wie möglich leiden, zumal viele Internetnutzer für ihre Recherchen im WWW eine zeitabhängige Gebühr zahlen. Diese soll natürlich möglichst effizient ausgenutzt werden.

4 Entwicklung eines relationalen Schemas unter ORACLE 7.1

In ([VOSSEN94], S. 48 ff.) werden im wesentlichen folgende Phasen des Datenbank-Entwurfspro-
zesses unterschieden:

- Konzeptioneller Entwurf, hier werden die Daten entsprechend der Anwendung zueinander in Beziehung gebracht und in Form eines Modells, meist des Entity-Relationship-Modells dargestellt.

- Logischer Entwurf, die Daten werden nun in ein dem DBMS entsprechenden Datenmodell, hier
  also einem relationalen Datenmodell, überführt.

- Implementierungsentwurf, unter Anwendung der Normalisierungsregeln und Berücksichtigung
  von anwendungsspezifischen Gegebenheiten wird das aus dem logischen Entwurf resultierende
  Schema optimiert.

- Physischer Entwurf, unter Einbezug von Systemparametern[20] sind optimale Speicherstrukturen für
  das Datenbankschema zu finden.

Die Beziehungen zwischen den vorhandenen Daten wurden bereits im vorherigen Kapitel erläutert, so
daß im folgenden Unterkapitel gleich auf die Überführung der Daten in das relationale Modell eingegangen werden kann. Die anwendungsbezogene Normalisierung behandelt Kapitel 4.3 und in Kapitel
4.4 wird auf Bedeutung der physischen Speicherstrukturen für die spätere Performance eingegangen.

4.1 Relationales Datenmodell

4.1.1 Modellierung

Aus Kapitel 3 kennen wir den hierarchischen Aufbau des Datenbestandes von einem Bereich über die
Segmente bis zu den Zeitreihen. Jede Zeitreihe enthält wiederum eine Datenreihe. Diese Datenreihe
bildet eine eigene Tabelle und wird daher bei den nachfolgenden Überlegungen nicht weiter berücksichtigt. Die Bereiche mit ihren Klassifizierungsgliederungsebenen (KG), die Segmente und die Zeitreihen müssen nun in ein Universalrelationenschema gebracht werden, welches dann den Ausgangspunkt für die Normalisierung bildet. Hier bietet sich eine Unterteilung in zwei „Hauptrelationen" an,
eine Relation für die Segmente und eine für die Zeitreihen.

Die Segmentrelation enthält neben der Segmentnummer und der Segmentbeschreibung die Segmentattribute Periodizität, Regionalität, Aktualität in Form von Zeitreihenbeginn und -ende[21] sowie
Quelle. Auch die Zuordnung zu den Bereichen mit den entsprechenden KG kann in der Segmenttabelle als Attribut gespeichert werden.

Die Relation für die Zeitreihen enthält neben der ZR-Nr. und der Mengeneinheit die Segmentnummer, die als Fremdschlüssel auf das zugehörige Segment verweist. Der Zeitreihentitel wird auf-

---

[20] Unter System ist hier sowohl das DBMS als auch das zugrunde liegende Betriebssystem gemeint.

[21] Wenn auf Segmentebene kein Zeitreihenende definiert ist, so werden die Zeitreihen dieses Segments aktuell weiter erhoben.

grund seiner strukturierten Beschaffenheit in entsprechend viele Titelgliederungsebenen (TG) aufgeteilt, die jeweils einzelne Attribute bilden.

In Abb. A-44 und A-45 sind diese zwei Relationen aufgeführt und exemplarisch mit einigen Datensätzen gefüllt.

4.1.2 Aufbereiten der Daten zu Universalrelationen

Relation Segmente

Die Segmentrelation kann aus dem Klassifizierungsplan von der Statisbund-CD abgeleitet werden. Dazu wird der Klassifizierungsplan jedes Bereiches aufgerufen und über die „Speichern"-Option (vgl. Abb. A-16) als Textdatei abgespeichert. Zur Aufbereitung der Daten zu einer Tabelle bietet sich ein Tabellenkalkulationsprogramm, wie MS Excel, an. In der hier verwendeten Version 5.0 bietet Excel mit seiner an Visual Basic angelehnten Makrosprache eine sinnvolle Unterstützung für die Umstrukturierung der einzelnen Klassifizierungspläne zu einer Universalrelation aller Segmente.

Die Daten können nun jeweils in eine Exceldatei eingelesen werden, wobei sich spaltenweise zunächst ein Aufbau entsprechend des Klassifizierungsplans ergibt (Abb. A-46). Über Makros werden die Daten zu der oben beschriebenen Universalrelation umstrukturiert.[22] Bei einer Textverarbeitung dieser Art in einem Tabellenkalkulationsprogramm ist die Feldlänge einzelner Spalten zu beachten. So umfaßt ein Tabellenfeld in Excel maximal 255 Zeichen, längere Strings müssen auf mehrere Spalten verteilt werden.

Befinden sich die Daten in der gewünschten Struktur, kann über die integrierte Rechtschreibprüfung das gesamte Dokument auf Fehler überarbeitet werden.

Wie man Abb. A-44 entnehmen kann, wurden die Daten um eine Zusatzinformation, der Segmentbundnummer, ergänzt.[23] Diese faßt alle Segmente zusammen, die in gleichem Klassifizierungspfad[24] stehen und durch denselben Segmenttext beschrieben wurden. Notwendig wurde diese Bündelung dadurch, daß es verschiedene Segmente mit identischem Segmenttext aber in unterschiedlichem Klassifizierungspfad gibt (vergleiche die ersten sechs Datensätze in Abb. A-44). Wie sich später noch zeigen wird, ist die Segmentbundnummer bei Rechercheoperationen sehr wesentlich für die Verknüpfung mit der Zeitreihentabelle.

Relation Zeitreihen

Das Überführen der Zeitreihendaten gehörte nicht zum Umfang dieser Arbeit, d.h. sie waren zu Beginn bereits in einem relationalen Schema in der ORACLE-Datenbank enthalten, welches in Abb. A-47 dargestellt ist. Daraus läßt sich allerdings entnehmen, daß der Zeitreihentitel in einer Tabellenspalte gespeichert ist, also noch nicht in die oben beschriebenen Titelgliederungsebenen aufgesplittet

---

[22] Der Makro-Programmcode zum Aufbereiten der Klassifizierungspläne befindet sich kommentiert in Datei PROGKLAS.XLS.

[23] Die Segmentbundnummer wurde nur zur besseren Veranschaulichung bereits in der Abbildung ergänzt. Tatsächlich wurde sie erst beim Überführen der Daten in die Datenbank hinzugefügt.

[24] Unter gleichem Klassifizierungspfad sind derselbe Bereich und identische KG1 - KG4 zu verstehen.

wurde. Das Aufsplitten in TG1 - TG9 kann aber auch beim Einspielen der Daten in das endgültige Schema erfolgen, so daß mit der aktuellen Relation Zeitreihen gearbeitet werden kann.

4.2 Normalisierung

4.2.1 Gründe für die Normalisierung

Grundlage für die Normalisierung bildet die sogenannte Update-Anomalie, worunter ein nicht erwünschtes Verhalten des Datenbestandes beim Einfügen, Ändern oder Löschen von Daten zu verstehen ist. Beispielsweise können Änderungen im Datenbestand zu Inkonsistenzen führen.[25] Zwar handelt es sich bei der Zeitreihendatenbank um vorgegebene, und damit nicht zu verändernde Daten, da die Update-Anomalie aber mit Redundanzen einhergeht und auf Abhängigkeiten zwischen Attributen der Relation zurückzuführen ist, müssen auch die zwei erstellten Relationen für eine Normalisierung genauer untersucht werden. Dafür sind zunächst die Arten der Abhängigkeiten zu klären.

Funktionale Abhängigkeit

„In der Relation R(A, B) ist das Attribut B von dem Attribut A funktional abhängig, falls zu jedem Wert des Attributs A genau ein Wert des Attributs B gehört." ([SAUER94], S. 195).

Also gilt f: A $\rightarrow$ B.

In der Universalrelation der Segmente läßt sich diese einfache funktionale Abhängigkeit z.B. zwischen Segmentnummer und Periodizität wiederfinden: SegmNr $\rightarrow$ Per (1). Jede Periodizität wird eindeutig durch eine Segmentnummer determiniert, nicht aber andersherum.

Volle funktionale Abhängigkeit

„In einer Relation R(S1, S2, A) ist das Attribut A von den Attributen (Schlüsseln) S1, S2 voll funktional abhängig, wenn A von den zusammengesetzten Attributen (S1, S2) funktional abhängig ist, nicht aber von einem einzelnen Attribut S1 oder S2." ([SAUER94], S. 195).

Formal: f: S1|S2 $\rightarrow$ A.

In Anwendung auf die Segmentrelation läßt sich die Beziehung von Bereich (B), KG1 bis KG4 mit dem Segmenttext (ST) auf die Segmentbundnummer (SB) als voll funktional abhängig darstellen, nämlich ST|KG4|KG3|KG2|KG1|B $\rightarrow$ SB[26] (2). Wie oben beschrieben ist die Segmentbundnummer von der Kombination aus Bereich, allen KG und dem Segmenttext abhängig. Ein einzelnes dieser Attribute genügt nicht, um sie eindeutig zu bestimmen.

Transitive Anhängigkeit

„In einer Relation R(S, A, B) ist das Attribut B vom Attribut (Schlüssel) S (der auch ein zusammengesetzter Schlüssel sein kann) transitiv abhängig, wenn A von S funtional abhängig ist, S jedoch nicht von A, und B von A funktional abhängig ist." ([SAUER94], S. 196).

---

[25] In [SAUER94] wird auf S. 193 f. ein Beispiel für die Update-Anomalie beschrieben. [VOSSEN94] leitet auf S. 249 ff. den theoretischen Hintergrund her.

[26] Dies gilt unter der Annahme, ST, KG1 - 4 und B seien Schlüsselattribute.

Das heißt: f: S → A → B.

Auch hier bietet die Segmenttabelle ein entsprechendes Beispiel: f: SegmNr → SB → ST (3). Daraus folgt natürlich, daß sowohl die Segmentbundnummer als auch der Segmenttext von der Segmentnummer abhängig sind, also SegmNr → SB ∧ SegmNr → ST (4).

Mehrwertige Abhängigkeit

„In einer Relation R(A, B, C) ist das Attribut C mehrwertig abhängig vom Attribut A, falls zu einem A-Wert, für jede Kombination dieses A-Wertes mit einem B-Wert, eine identische Menge von C-Werten existieren kann." ([SAUER94], S. 196).

Dabei sind A und B voneinander unabhängig. Formal kann dieses in Anlehnung an ([VOSSEN94], S. 215) geschrieben werden als: f: C → B|A.

Als Beispiel bietet die Segmentrelation die Beziehung zwischen Segmentbundnummer, Regionalität und Segmenttext: SB → ST|Reg (5), d.h. verschiedene Kombinationen der voneinander unabhängigen Attribute Segmenttext und Regionalität können zu identischen Segementbundnummern führen.

Neben diesen intrarelational genannten Abhängigkeiten enthalten die zwei Universalrelationen in den meisten Spalten Redundanzen, so wurde z.B. derselbe Segmenttext wiederholt gespeichert. Redundanzen zu vermeiden ist ebenfalls ein Ziel der Normalisierung.

4.2.2 Die Normalformen einer Relation

Aufgrund der Praxisrelevanz wird hier nur bis zur Boyce-Codd-Normalform normalisiert. Anschließend wird auf die latent im Vorgang der Normalisierung enthaltene Vermeidung redundanter Datenhaltung eingegangen.

Bereich	Segm-Nr.
Bevölkerung	1118
	1119
	1120
	1124
	1125
	1126
Erwerbstätigkeit	2185
	2194
	2195
	2196
	2197
	2200
	2201

Abb. 3: Nicht in der ersten Normalform befindliche Relation

Erste Normalform

Ziel des ersten Normalisierungsschrittes und damit Ausgangspunkt für jede weitere Normalisierung ist eine flache Relation, also eine Universalrelation. Diese kennzeichnet sich - wie in Kapitel 2.1.2

bereits beschrieben - durch atomare Attribute der einzelnen Datensätze. Vorstehende Abbildung zeigt beispielsweise eine nicht in der ersten Normalform (1.NF) befindliche Tabelle, da mehrere Segmentnummern in einem Datensatz enthalten sind.

Zweite Normalform

In der 2.NF ist zusätzlich zur 1.NF jedes Nichtschlüsselattribut voll funktional abhängig vom Gesamtschlüssel (vgl. [SAUER94], S. 198 f.).

Bezogen auf die Segment- und Zeitreihenrelation werden zunächst die Segment- und die Zeitreihennummer als Primärschlüssel definiert. Es ist leicht nachvollziehbar, daß sie die jeweils restlichen Attribute eines Datensatzes determinieren. Damit befinden sich die Tabellen also auch in der zweiten Normalform.

Dritte Normalform

In der 3.NF sind zusätzlich zur 2.NF sind keine funktionalen Abhängigkeiten zwischen Nichtschlüsselattributen erlaubt, d.h. transitive Abhängigkeiten müssen vermieden werden (vgl. [SAUER94], S. 199).

In der Zeitreihenrelation läßt sich keine transitive Abhängigkeit feststellen, wohl aber in der Relation Segment (siehe (3)). Da sich die Abhängigkeit in (2) auch umdrehen läßt folgt zusammen mit (3):

S $\rightarrow$ SB $\rightarrow$ ST|KG4|KG3|KG2|KG1|B (6). Ein Auslagern von B, KG1 - 4 und ST als Tabelle Klassifikation liegt nahe, diese sollte über SB mit der Tabelle Segment verknüpft werden. Abb. A-48 zeigt das Ergebnis der 3.NF der Tabelle Segment.

Boyce-Codd-Normalform

In der BCNF sind in Verschärfung der 3.NF alle potentiellen Schlüsselattribute (Candidate-Keys) eindeutig und damit alle verbleibenden Attribute von jedem Schlüssel direkt abhängig (vgl. [SAUER94], S. 199 und [VOSSEN94], S. 252 f.).

Eine nicht redundante Speicherung von Segmentbund-, Segment- und Zeitreihennummer in den entsprechenden Tabellen Klassifikation, Segment und Zeitreihen aus dem dritten Normalisierungsschritt vorausgesetzt entsprechen diese auch der BCNF. Dabei besitzt lediglich die Klassifikationstabelle aufgrund der umkehrbaren Beziehung (2) zwei Candidate-Keys, nämlich die SB und die Kombination aus B, KG1 - 4 und ST.

Redundanzfreiheit

Nach wie vor enthalten fast alle Attribute redundante Daten. Zur Vermeidung dieser Redundanzen wird üblicherweise für das entsprechende Attribut eine Zusatztabelle mit allen auftretenden Werten geschaffen. Über einen Primärschlüssel in Form eines numerischen IDs wird sie dann mit der Ausgangstabelle verknüpft. Diese Vorgehensweise hilft Speicherplatz zu sparen, da lange Texte jetzt nur noch einmal gespeichert werden müssen. Für die Anwendung vereinfacht die Nutzung numerischer IDs als Primärschlüssel die Parametrisierung der Programme. Aus diesem Grund werden bereits jetzt auch für die eindeutigen Segment- und Zeitreihennummern zusätzliche IDs eingeführt. Die dadurch wieder auftretende transitive Abhängigkeit der IDs auf die bisherigen Primärschlüssel ist ein erster

Schritt in die nachfolgend angesprochene Denormalisierung. In Abb. A-49 ist als (Zwischen-) Ergebnis der Normalisierung das vollständige Schema in Boyce-Codd-Normalform zu sehen.

4.2.3 Denormalisierung zur Verbesserung der Anwendungsperformance

Bei der Normalisierung wird eine Universalrelation in viele kleinere Teiltabellen zerlegt. Dabei ist zu berücksichtigen, daß jedes Aufsplitten der Daten für die Abfragen später durch Verknüpfungen wieder zusammengefügt werden muß. Folgendes Beispiel soll dieses Problem veranschaulichen: Gemäß Punkt 2 des Pflichtenheftes soll die Suche auf bestimmte Bereiche eingeschränkt werden können. Um alle Zeitreihen zu einem bestimmten Bereich finden zu können, müssen zunächst in Tabelle Klassifikation alle SB gefunden werden, die zum gewünschten Bereich gehören. Aus Tabelle Segment werden dann alle zu den SB gehörenden Segmentnummern selektiert, über die wiederum die Verknüpfung zur Zeitreihentabelle stattfindet.

Das vorhandene Relationenschema würde also folgende Probleme mit sich bringen:

1. Eine Verknüpfung über mehrere Tabellen ergibt - wie im Kapitel 5.2 demonstriert - ein sehr komplexes SQL-Statement.

2. Durch die Verknüpfung mehrerer Tabellen dauert die Abfrage wesentlich länger, schließlich müssen bei jeder Verknüpfung eine zunehmende Anzahl an Gleichheitsbedingungen abgeprüft werden.

Insbesondere der 2. Problempunkt spricht für eine nachhaltige Performanceverschlechterung. Beispiele dieser Art lassen sich nach einer Normalisierung häufig finden, da unter der Zielsetzung konsistenter (und damit redundanzfreier) Daten normalisiert wurde. Die Abfrageperformance blieb also außer Acht. Da die spätere Anwendung die Abfragen determiniert, muß das normalisierte Relationenschema offensichtlich noch im Hinblick auf die Anwendung optimiert werden. Insbesondere bei sehr großen Datenbeständen mit vielen Abfragen, wie z.B. in Data Warehouse Systemen, wird heute immer mehr dazu übergegangen, die Daten sehr anwendungsnah und damit oft sehr redundant abzuspeichern.

Problemlösung für das Beispiel wäre also das Ergänzen der Tabellen Segment und Zeitreihe um den Bereich. Im Pflichtenheft wird unter gleichem Punkt aber auch von einer Suche auf Segmentebene gesprochen. In Abb. A-38 erkennt man, daß die Auswahl eines zu durchsuchenden Segments über eine Checkbox vor einem Segmenttext geschieht. Aus der Definition der Segmentbundnummern (Zusammenfassung aller Segmente mit identischem Segmenttext in identischem Klassifizierungspfad) kann man ableiten, daß tatsächlich auf Segmentbundebene gesucht wird. Semantisch ist das auch nicht falsch, denn es interessiert ja der Inhalt aller Segmente mit dieser Beschreibung. Demzufolge muß in der Relation Zeitreihen auch die Segmentbundnummer ergänzt werden.

Um sachlich zusammengehörende Daten nicht zu sehr auseinander zu dividieren werden neben dem Bereich auch die KG1 bis KG4 wieder in die Relation Segment integriert, die Relation Klassifikation wird also wieder aufgelöst.

Nachfolgend weitere Aspekte aus dem Pflichtenheft, die das endgültige Schema entscheidend prägen:

- Zu den Punkten 5 und 6 im Pflichtenheft: Die Suche nach Schlagwörtern ist resistent gegen Abkürzungen und unterschiedliche Verwendung von Umlauten. Zusätzlich soll über einen Thesaurus eine semantische Suche ermöglicht werden.

Zur Erfüllung dieser Anforderungen müssen Zusatztabellen geschaffen werden. Diese bestehen aus zwei Spalten, in einer stehen im Datenbestand enthaltene einzelne Wörter, in der anderen der entsprechende Ersatz, also die ausgeschriebene Abkürzung bzw. das Wort ohne Umlaut oder ein Synonym. Für die Suche kristallisiert sich eine dreistufige Suchunterstützung heraus:

1. Stufe: Ersatz von Abkürzungen und Umlauten, mit Hilfe dieser Tabelle sollen die direkt aus dem Datenbestand hervorgehenden Fehler behoben werden.

2. Stufe: Thesaurus, diese Tabelle enthält neben einem direkten Synonym (Bsp.: Hochschule - Universitaet) auch die Singular bzw. Pluralform eines Wortes, wenn es in der Schreibweise abweicht (Bsp.: Unfall - Unfaelle). Darüber hinaus sollen hier vorhandene Synonyme miteinander verknüpft werden, indem in der zweiten Spalte jeweils über Kreuz das andere Wort steht (Bsp.: Eintrag bei Hochschule: Universitaet, Eintrag bei Universitaet: Hochschule).

3. Stufe: Globale Suche, in dieser Tabelle werden sinnverwandte Wörter unter einem globalen Oberbegriff oder anderen sachlichen (z.B. geografischen) Gesichtspunkten zusammengefaßt. (Bsp: Eintrag für Argentinien, Brasilien, Chile: Suedamerika).

Die in der 2. und 3. Stufe angewendete Verweistechnik wird auch bei der Schlagworterstellung für deutsche Bibliotheksbestände verwendet. Sie ist im Schlagwortnormkatalog unter „siehe-" (= 2. Stufe) und „siehe auch-" (= 3. Stufe) Verweisen genau definiert ([DEUBIB97], S. 6 ff.).

Das Schema wird nun also um die drei Tabellen AbkUml, Thes und Global ergänzt. Da es zu einem Schlagwort mehrere Synonyme geben kann, ist die redundante Speicherung einzelner Schlagwörter innerhalb der Tabellen nicht auszuschließen. Primärschlüssel jeder Tabelle ist somit die Kombination aus Schlagwort und Synonym.

- Zu den Punkten 9, 10, 11 und 13 im Pflichtenheft: Schlagwortabhängige Anzeige von Segmenten im Klassifizierungspfad sowie Zeitreihentiteln. (vgl. Abb. A-38 mit A-40 sowie A-39 mit A-41: Es werden nicht alle Gliederungsebenen angezeigt!) Genauer Fehlerhinweis (z.B. bestimmte Suchbegriffe ergeben keine oder zu viele Treffer) mit entsprechender Hilfe ebenfalls auf Schlagwortebene (in Trefferanalyse).

Diese Suche nach Schlagwörtern und Anzeige nur der gefundenen Segmente und Zeitreihen würde im bisherigen Schema nur über mehrere Verknüpfungen ablaufen. So würden zunächst in den entsprechenden „Untertabellen" Bereich, KlassGlied1 - 4, Segmenttext und TitelGlied1 - 9 die Texte durchsucht werden, um im zweiten Schritt aus der Segment- und der Zeitreihenrelation die entsprechenden Datensätze mit den gefundenen IDs zu selektieren. Neben der Performance verschlechternden Verknüpfung hätte dieses Vorgehen den Nachteil, daß erst während der Laufzeit ermittelt werden könnte, ob die Recherche (z.B.) keinen oder zu viele Treffer ergeben würde.

Die Anforderungen legen eine Aufbereitung der Daten auf Schlagwortebene nahe. Auf Segmentebene müsste für jedes Schlagwort genau angegeben werden, wie weit welcher Klassifizierungspfad aufgeklappt werden müsste. Ist ein Schlagwort in den zu einem Segment gehörenden Zeitreihen enthalten, muß der Klassifizierungspfad bis auf Segmentebene aufgeklappt werden, dort wird die Anzahl der gefundenen Zeitreihen angezeigt (vgl. Abb A-40). Weiter müsste auch auf Zeitreihenebene je Schlagwort ein Datensatz erstellt werden, der angibt, bis zu welcher Ebene die gegliederten Titel bestimmter Zeitreihen angezeigt werden.

Der hier eingeschlagene Lösungsweg bedeutet natürlich das redundante Speichern aller einzelnen Wörter in der Datenbank und birgt eine hohe Gefahr der Inkonsistenz der Daten. Werden beispielsweise einige Zeitreihen aus der Datenbank entfernt und durch andere ersetzt, so müssen erst beide Schlagworttabellen (Tabellenbezeichnungen: SWS für Segmente und SWZ für Zeitreihen) überarbeitet werden, ehe sich die Datenbank wieder in einem konsistenten Zustand befindet. Weiterhin bedeutet diese Redundanz einen zusätzlichen Speicherbedarf und nicht zuletzt stellt das Rückführen der Recherchen auf einzelne Schlagwörter (was ja ein Zersplittern der Suchabfrage bedeutet) sicherlich eine Belastung der Abfrageperformance dar.[27] Schließlich enthalten Datenbanken eingebaute Algorithmen, mit denen sie mit Jokern versehene Wörter aus einem Datenbestand schneller finden können, als wenn über Hilfstabellen gesucht wird, bei denen die Einzelergebnisse erst miteinander abgestimmt werden müssen.

Ein Beispiel: Es soll nach den Begriffen „Bayern", „Wahlen" und „FDP" gesucht werden (mit logischem ODER verknüpft). Die Wörter Bayern und FDP sind in diversen Zeitreihen enthalten, es gibt aber natürlich auch eine Schnittmenge, die beide enthält. Diese Schnittmenge darf natürlich nicht doppelt ausgegeben werden, d.h. alle gefundenen Datensätze müssen in jeder Gliederungsebene miteinander verglichen werden. Sind alle Gliederungsebenen identisch, so darf der Datensatz nur einmal ausgegeben werden. Enthält einer der beiden Ergebnissätze mehr Gliederungsebenen und sind die in beiden Sätzen vorhandenen Gliederungsebenen identisch, so soll nur der tiefer gegliederte (d.h. weiter ausgeklappte) Datensatz ausgegeben werden. Die Abstimmung muß sowohl auf Segment- als auch auf Zeitreihenebene stattfinden und kann durchaus einen größeren Rechenaufwand bedeuten.

Das Herunterbrechen der Suche auf einzelne Wörter bietet aber den Vorteil einer optimalen Benutzerführung. So kann z.B. von Beginn der Suche an die Trefferanzahl abgeschätzt werden und so die Suche bei zu vielen Treffern gleich abgebrochen werden. Darüber hinaus kann sogar während der Ergebnisaufbereitung beim Erreichen des Timelimits festgestellt werden, wie viele Daten etwa noch aufzubereiten sind, so daß die Suchabfrage ggf. trotzdem zu Ende bearbeitet wird. Weiterhin können die Treffer insbesondere bei der Verwendung einer der Metasuchhilfen genau aufgelistet werden, was auch bei später zu implementierenden logischen Verknüpfungen zwischen Suchbegriffen sehr wichtig sein kann.

---

[27] Der aus einer solchen Vorgehensweise resultierende Performanceverlust kann ca. den Faktor 2 betragen. Im Rahmen der Anfrageoptimierung (Kap. 5.2) wird dieses in Versuch C-3 gezeigt werden.

Auf die sich ergebende Fülle an suchunterstützenden Möglichkeiten soll an dieser Stelle nicht weiter eingegangen werden. Sie entsprechen aber in jedem Fall der Zielsetzung, dem Anwender eine umfangreiche Recherchehilfe anzubieten. Es sei nur noch erwähnt, daß dieser Ansatz zudem sowohl eine Grundlage für lernende Systeme (Expertensysteme) bietet, als auch für Informationsanbieter interessante Auswertungen der Suchabfragen ermöglicht.[28]

- Zu den Punkten 7 und 8 im Pflichtenheft: Die Daten sollen als Baum angezeigt werden, dessen einzelne Zweige auf- und zugeklappt werden sollen (vgl. Abb. A-38 u. A-39). Das bedingt, daß mitprotokolliert werden muß, in welchem Zustand sich der „Baum" jeweils befindet, ob also die nächste Gliederungsebene ein- oder ausgeblendet werden soll und welche sonstigen Ebenen gerade ausgeklappt sind.

Findet dieses Mitprotokollieren des Datenbaumes auf Datenbankseite statt, so muß aufgrund der Zustandslosigkeit des HTTPs eine Zuordnung zum entsprechenden Client erfolgen. Dazu erhält jeder Client für die Dauer seiner Sitzung eine User-ID, über die alle seine Abfragen betreffenden Ergebnisse ihm zugeordnet werden können.

Dies impliziert, daß alle Ergebnisse in Tabellen mitprotokolliert werden. Im Vorgriff auf spätere Ausführungen ist es wichtig zu wissen, das die Abfragen mittels Stored Procedures in Form von PL/SQL aufbereitet werden, wofür Tabellen für Zwischenergebnisse notwendig sind. Im Rahmen des Implementierungsentwurfs sind diese ebenfalls mitzuerstellen. Diese Hilfstabellen sind in Abb. A-50 aufgeführt. Auf die Bedeutung der einzelnen Relationen wird bei Bedarf im Rahmen der Anwendungsentwicklung hingewiesen.

4.2.4 Ergebnis der Normalisierung

Die einzelnen Schritte der Normalisierung lassen sich wie folgt zusammenfassen:

1. Universalrelationen auf intrarelationale Abhängigkeiten untersuchen.
2. Normalisieren bis zur Boyce-Codd-Normalform.
3. Untersuchen, inwieweit die normalisierten Relationen für spätere Abfragen wieder zusammengefaßt werden müssen.
4. Vermeiden komplexer Verknüpfungen durch Rekomposition der Relationen oder redundantes Speichern bestimmter Attribute in mehreren Tabellen.
5. Prüfen, ob für die Anwendung zusätzliche Tabellen z.B. für Zwischenergebnisse notwendig sind.

Der gesamte Vorgang der Normalisierung umfaßt also nicht allein das Zerteilen einer Universalrelation entsprechend der Normalisierungsregeln, sondern auch das Anpassen der Datenstrukturen an Anwendungsspezifika. Ziel des Normalisierungsvorganges ist also eine Minimierung der Redundanz unter der Nebenbedingung der Optimierung der Anwendungsperformance.

---

[28] Bei den anbieterseitigen Auswertungen von Anfragen ist z.B. an anonymisierte Mitprotokollierung von Recherchen (Auditing) zu Marktforschungszwecken in Data Warehousesystemen zu denken.

Das endgültige Schema des Datenbestandes befindet sich in Abb. A-51. Allen Tabellennamen wurde einheitlich „SBA" vorangestellt. Die Tabellen im oberen Bildbereich enthalten die Zeitreihen- und Segmentdaten. Die Metatabellen für die Suchunterstützung befinden sich unten links und die Ergebnistabellen für Schlagwörter unten in der Mitte und rechts. In Abb. A-52 werden die einzelnen Tabellen nochmals genauer erläutert.

4.3 Überlegungen zu Speicherbedarf und Performance

4.3.1 Aufbau der Speicherstrukturen in ORACLE

Eine Datenbank ist in ein oder mehrere logische Speicherbereiche unterteilt, den Tablespaces (vgl. [FRMORAWE95], S. 50). Diese sind je in mindestens einer physischen DB-Datei gespeichert. Jeder Tablespace kann diverse Datenbankobjekte, wie z.b. Tabellen oder Indizes enthalten, wobei einem Datenbankobjekt genau ein Segment zugeordnet wird (vgl. [FRMORAWE95], S. 42 f.). Segmente sind demnach genau einem Tablespace untergeordnet, können sich aber über mehrere DB-Dateien verteilen.

Als nächstkleinere Speichereinheit folgt ein Extent, d.h. ein oder mehrere Extents bilden ein Segment (vgl. [FRMORAWE95], S. 43 f.). Beim Anlegen einer Tabelle (als Beispiel für jedes beliebige Datenbankobjekt) kann die Größe des ersten Extents per Parameter festgelegt werden. Reicht der so reservierte Speicher nicht für die später eingelesenen Daten, so werden automatisch weitere Extents in wachsender Größe allokiert. Das Wachstum der Extents kann ebenfalls über Parameter beim Erzeugen der Tabelle definiert werden, es kann auch Null betragen (vgl. [FRMORAWE95], S. 58 f.). Verschiedene Extents eines Segments müssen nicht notwendigerweise in einer DB-Datei gespeichert sein.

Kleinste ORACLE-Speichereinheit bilden die Blöcke. Extents sind in Form von Blöcken in den DB-Dateien gespeichert (vgl. [FRMORAWE95], S. 44 ff.). Die Größe der Blöcke wird durch das Betriebssystem determiniert. Unter dem hier zugrunde liegenden Solaris 2.4 beträgt die Blockgröße 2048 Bytes. Unabhängig von der Art des Datenbankobjekts hat ein Block folgenden Aufbau ([ORACLE93a] S. 3-3 ff. und 5-5), (vgl. Abb. A-53):

1. Header: enthält Blockinformationen, wie z.B. physische Speicheradresse oder Art der in diesem Block gespeicherten Daten (Tabellendatensätze, Index, o.ä.).
2. Tabellenverzeichnis: enthält Liste der Tabellen, die in diesem Block Daten gespeichert haben.
3. Zeilenverzeichnis: enthält tabellarische Auflistung aller Zeilen dieses Blocks.
4. Zeilendaten: hier stehen die eigentlichen Daten. Jede Zeile besteht wiederum aus Zeilenheader und Spalten für die Daten.
5. Freier Speicher: wird für Veränderungen respektive Hinzufügen neuer Daten verwendet. Ein Teil des freien Speichers wird bei Updates für Transaktionseinträge verwendet.

Zeilendaten können auch über mehrere Blöcke verteilt sein, sie sind dann miteinander verkettet. Diese Verkettungseinträge befinden sich jeweils in den Zeilenheadern.

34

Abbildung A-54 beschreibt die Beziehungen der einzelnen Speicherstrukturobjekte der Datenbank in Form eines Entity-Relationship-Modells.

4.3.2 Optimierung der Speicherung

Beim Erzeugen von Datenbankobjekten kann auf verschiedene Art Einfluß auf die Speicherstruktur genommen werden. Wesentliche Ansatzpunkte sind hierbei die Indizierung, das physische Verlagern von Indizes auf andere Festplatten, das Festlegen von Speicherparametern oder das Clustern von Tabellenspalten.

4.3.2.1 Indizierung

Attribute einer Tabelle, die Primary Key oder Unique sind, werden von ORACLE automatisch indiziert. Anwendungsgemäß wird aber auch auf andere Tabellenspalten direkt über entsprechende Suchkriterien zugegriffen. Bei großen Tabellen helfen Indizes die Suchzeit zu verkürzen. Sind die Tabellen dagegen sehr klein, so kann ein Index die Suchzeit sogar verlängern, da bei indizierten Tabellenspalten mindestens zwei E/A-Operationen notwendig sind: Erst wird der Index durchsucht und die physische Speicheradresse gelesen, über welche im zweiten Schritt auf die Daten in der Tabelle zugegriffen wird.

Werden in einer Tabelle mehrere Spalten indiziert, so ist die Reihenfolge der Indizierung zu beachten. Enthält der Konditionsteil (d.h. der WHERE-Clause) einer SELECT-Anweisung mehrere gleich-wertige[29] Bedingungen auf verschiedene Attribute, die alle indiziert sind, durchsucht ORACLE zu-nächst den Index, der zuerst erstellt wurde (vgl. [FRMORAWE95], S. 63 f.). Folgendes Beispiel soll die Auswirkungen auf die Performance erklären:

SELECT * FROM Zeitreihe WHERE id_bereich = 5 AND id_titelg4 = 5000;

Die Zeitreihentabelle enthält insgesamt ca. 300.000 Einträge, Tabelle Bereich enthält 20 und Tabelle TitelG4 ca. 12.500 Einträge. In Tabelle Zeitreihe wurde zuerst ein Index auf Spalte id_bereich und dann auf id_titelg4 angelegt. Bei der Optimierung von Anfragen wertet der Query-Prozessor von mehreren indizierten gleichwertigen Prädikaten die zeitlich zuerst angelegten Indizes als Erste aus. Im Beispiel würde die Suche zunächst auf ca. 15.000 Einträge reduziert werden, die dann nach dem Kriterium bzgl. id_titelg4 durchsucht werden müssten. Wären die Indizes in umgekehrter Reihenfolge angelegt worden, so würde die Suche gleich im ersten Schritt auf ca. 24 Einträge reduziert werden.

Entscheidend für die Reihenfolge ist also das Verhältnis (Anzahl an Zeilen mit Einträgen) / (Anzahl verschiedener Einträge) jeweils bezogen auf eine Tabellenspalte. Die dafür benötigten Anzahlen er-mitteln die Statements in Übersicht B-2. Die Berechnung der Indexreihenfolge kann in einer Excel-tabelle vorgenommen werden (Datei: TABGROE.XLS, Register: Indexreihenfolge), das Resultat wird in Abb. A-55 gezeigt, wobei die kursiv dargestellten Zeichen durch hinterlegte Formeln errechnet wurden.

---

[29] Bedingungen sind gleichwertig, wenn sie gleichrangig indiziert sind. Hierauf wird im Rahmen der Anfrageoptimierung in Kap. 5.2 genauer eingegangen.

Im Rahmen der Anfrageoptimierung (Kap. 5.2) wird der Versuch C-3 durchgeführt werden, in dem u.a. der Einfluß der Reihenfolge des Indizierens auf die Abfrageperformance untersucht wird. Als Ergebnis soll an dieser Stelle nur vorab festgehalten werden, daß die Prädikatreihenfolge verschiedener Attribute insbesondere bei OR-Verknüpfungen die Performance beeinflussen kann.

4.3.2.2 Physisches Verteilen von Tabelle und Index auf verschiedene Festplatten

Wie oben bereits beschrieben, sind für einen Tabellenzugriff über einen Index mindestens zwei sequentielle E/A-Operationen notwendig. Es ist leicht nachvollziehbar, daß durch Verteilen von Index und Tabelle auf verschiedene Festplatten diese beiden Operationen parallelisiert werden können. D.h. es kann auf der einen Festplatte im Index die benötigte physische Adresse herausgesucht werden, um dann auf der anderen Festplatte die Daten aus der Tabelle zu selektieren (vgl. [ORACLE93a], S. 5-17).

In Übersicht B-3 wird anhand eines entsprechenden SELECT-Statements mit Hilfe des EXPLAIN PLAN Befehls gezeigt, wie ein Index genutzt wird. Der EXPLAIN PLAN Befehl erstellt für das angegebene SQL-Statement einen Ausführungsplan und trägt diesen in eine Tabelle ein, welche anschließend ausgelesen wird. Im aufgeführten Statement wird für jedes Prädikat gesondert auf den Index zugegriffen.

Zur Realisierung des physischen Verteilens müssen zwei Datenbank-User gefunden werden, denen unterschiedliche Tablespaces zugeordnet sind, die wiederum ihre DB-Dateien auf verschiedenen Festplatten gespeichert haben. In einem User wird die Tabelle, im anderen der Index gespeichert. Dabei muß auf benötigte Zugriffsrechte geachtet werden, damit der Index auch gelesen werden kann. Die hierfür insgesamt benötigten Anweisungen sind exemplarisch in Übersicht B-4 zusammengestellt.

Für die Zeitreihenanwendung ist allerdings kein Performancegewinn zu erwarten, da die Tabellen und Indizes eher klein sind und daher im Datenbankpuffer oder Festplattencache zwischengespeichert bleiben. Darüber hinaus zeigt die Übersicht B-4 auch, daß bei der momentanen Konfiguration der Datenbankdateien und User keine disjunkten Festplatten in verschiedenen Usern vorhanden sind. Da demnach davon auszugehen ist, daß nur sehr große Tabellen mit mehreren zeitgleichen Zugriffen von einer solchen Maßnahme profitieren, wurden alle für das zu implementierende Schema benötigten Tabellen und Indizes in demselben Tablespace gespeichert.

4.3.2.3 Speicherparameter

Speicherparameter können die physikalische Aufteilung der Speicherung beeinflussen. In ORACLE 7.1 gibt es im wesentlichen folgende Speicherparameter:[30]

- PCTFREE: gibt den Prozentsatz eines Datenblocks an, der für Updates mindestens frei gehalten werden soll (Default hier: 20).
- PCTUSED: gibt den Prozentsatz eines Datenblocks an, der mindestens mit Daten gefüllt sein soll (Default hier: 60).

---

[30] Es werden nur die im Rahmen dieser Arbeit zur Optimierung verwendeten Parameter aufgeführt.

- INITAL: bestimmt die Größe des ersten anzulegenden Extents des Datenbankobjekts. (Default hier: 5 KB)
- NEXT: legt die Größe des zweiten Extents eines Datenbankobjekts fest (Default hier: 5 KB).
- PCTINCREASE: definiert das prozentuale Wachstum aller folgenden Extents (Default hier: 50).

Daraus lassen sich folgende Optimierungsansätze ableiten:

1. Je nach Zielsetzung einer Tabelle Wahl einer unterschiedlichen Kombination von PCTUSED und PCTFREE, wobei beide Parameter aufeinander abgestimmt sein müssen, d.h. sie dürfen in der Summe nicht mehr als 100 ergeben. Je näher die Summe an 100 liegt, umso effizienter wird der Speicherplatz genutzt, dadurch steigen aber gleichzeitig die Kosten der Verarbeitung dieser Daten (bei Updates). Umgekehrt gilt, daß, je kleiner die Summe beider Parameter ist, zwar mehr Speicher benötigt wird, dafür aber die Verarbeitungsperformance steigt. Weiter ist zu bedenken, daß bei großen Werten für PCTUSED beim Lesen eines Datenblocks mehr Daten gleichzeitig selektiert werden können.

Es folgt (vgl. [ORACLE93b] S. 8-5 f.):

⇨ Für Tabellen mit großem Datenbestand (= Speicherplatz sollte effizient genutzt werden) und Nur-Lese-Zugriffen sollte ein möglichst hoher Wert für PCTUSED gewählt werden, und beide Parameter sollten zusammen möglichst nahe bei 100 liegen. Für die Zeitreihentabellen bietet sich dieses an. Sie werden einmal mit Daten gefüllt und dann nur noch ausgelesen. Gleichzeitig sind die Tabellen insgesamt sehr umfangreich. Für alle den Datenbestand betreffenden Tabellen (vgl. Abb. A-51 und A-52) wurden daher die Werte PCTUSED = 90 und PCTFREE = 5 vergeben.

⇨ Für Tabellen mit häufigen INSERT- und DELETE-Anweisungen sollte die Summe besser wesentlich kleiner als 100 sein. PCTFREE kann sehr klein gewählt werden, damit dieser Block bezüglich Speicherplatz und Lesezugriffe möglichst effizient genutzt werden kann. Für die Anwendung bietet sich diese Kombination für die Tabellen zur Speicherung von Zwischenergebnissen an (vgl. Abb. A-50). Gewählt wurde eine Kombination von PCTUSED = 60 und PCTFREE = 5.

⇨ Unterliegen Tabellen häufigen UPDATE-Anweisungen mit sich vergrößernder Zeilenlänge, so sollten PCTFREE und PCTUSED zusammen ebenfalls klein sein. PCTFREE sollte hier aber größer als im Falle vieler INSERT- und DELETE- Anweisungen sein, damit Platz für die zu aktualisierenden Zeilen ist. Vorgeschlagen werden PCTUSED = 40 und PCTFREE = 20. Auf die zu erstellende Anwendung läßt sich dieser Fall nicht übertragen.

2. Es sollte versucht werden, den gesamten Inhalt eines Datenbankobjektes in einen Extent zu speichern. Beim Selektieren von Daten kann die Suche dann auf diesen beschränkt bleiben.

Dieses hätte folgende Konsequenzen:

⇨ Der Speicherbedarf sollte möglichst genau vorherbestimmt werden. Im vorliegenden Fall wurden die Daten hierfür zunächst in ein Schema mit Standardparametereinstellungen eingespielt. Über entsprechende SELECT-Statements (vgl. Übersicht B-5) kann dann die durchschnittliche Länge einer Spalte sowie die Zeilenanzahl ermittelt werden. Unter Einbezug des für die verschiedenen Header eines Datenblocks reservierten Speicherplatzes und der daraus resultierenden Anzahl an Datenzeilen eines Blocks läßt sich der Speicherbedarf (d.h. die dem Initialextent zuzuweisende Größe) mittels folgender Formel berechnen:

$$\underline{\text{Anzahl Datensätze x (durchschn. Datensatzlänge + Zeilenheader + Spaltenheader)}}$$
$$\text{(DB-Blockgröße - stat. Blockheader - (INITRANS}^{31} \text{ x var. Blockheader)) x ((100 - PCTFREE)/100)}$$

Die Berechnung wurde in einer Exceltabelle (vgl. Datei TABGROE.XLS, Register Parameter und Tabellengröße) vorgenommen, einen Ausschnitt aus der Ergebnistabelle enthält Abb. A- 56 (Rechenergebnisse von hinterlegten Formeln sind kursiv dargestellt, die eingegebenen Werte wurden in Übersicht B-5 ermittelt.). Auf gleiche Weise werden die Extents für Indizes berechnet (vgl. Datei TABGROE.XLS, Register Parameter und Indexgröße).

⇨ Wenn die gesamte Tabelle in einem Extent gespeichert wird, sollte der Wert für NEXT (also die folgenden Extents) klein gehalten werden. Dies bewirkt, daß der Verschnitt, sollten doch noch einige Daten in den folgenden Extent geschrieben werden, möglichst gering ausfällt. Schließlich kann ein für ein Datenbankobjekt allokierter und nicht vollständig benötigter Extent nicht für andere Objekte weiterverwendet werden, der Speicher gilt als belegt.

⇨ Die Größe aller Folgeextents sollte nicht wachsen, sofern die Gesamtgröße der Tabelle zu berechnen war, d.h. PCTINCREASE = 0.

⇨ Die Parameter INITIAL, NEXT und PCTINCREASE werden im sogenannten STORAGE-Clause des CREATE-Statements zusammengefaßt.

4.3.2.4 Cluster

Nutzen mehrere Tabellen dieselben Spalten, weil sie über diese verknüpft sind, so können sie ge-clustert werden. Geclusterte Tabellen nutzen Datenblöcke gemeinsam, so daß identische Spaltendaten (unabhängig, ob sie aus einer oder mehreren Tabellen stammen) physisch nur einmal gespeichert wer-den (vgl. [ORACLE93a], S. 5-19 ff.).. Diese gemeinsamen Spalten bilden den Clusterschlüssel[32] .
Daraus ergeben sich für das Clustern folgende Vorteile:

• Join-Operationen über den Clusterschlüssel können schneller durchgeführt werden, da weniger Datenblöcke gelesen werden müssen.

• Enthält eine Tabelle viele Datenzeilen zu einem Clusterschlüssel, so können diese ebenfalls schneller selektiert werden.

• Speicherbedarf kann vermindert werden.

---

[31] Der Parameter INITRANS legt fest, wieviele Transaktionen sich zeitgleich maximal auf eien Datenblock beziehen dürfen. Jede dieser Transaktionen erhält dann zur Laufzeit einen Eintrag in den Blockheader. Die Defaulteinstellung beträgt bei Tabellen 1, bei Indizes 2.

[32] Im Gegensatz zu „normalen" Schlüsseln weisen Clusterschlüssel folgende Besonderheiten auf: Sie dürfen NULL-Werte und doppelte Werte enthalten. Da diese dann aber nur einmal abgespeichert werden, sind sie wieder UNIQUE.

Dem stehen folgende Nachteile entgegen:

- Operationen auf Nicht-Clusterschlüssel erleiden evtl. Performanceverluste, da sie gestreuter gespeichert sind.
- Änderungen im Datenbestand benötigen aufgrund der aufwendigeren Speicherung mehr Zeit.

Speicherstruktur von Clustern

Wie andere Tabellen werden auch Cluster in Datenblöcken gespeichert, haben dann aber im Tabellenverzeichnis entsprechend mehrere Tabellen eingetragen. Die Datenzeilen werden über den Clusterschlüssel identifiziert. Neben den oben angesprochenen Speicherparametern kann bei der Erzeugung von Clustern über den optionalen Parameter SIZE die Anzahl der Clusterschlüssel je Datenblock festgelegt werden. Umfassen beispielsweise alle zu einem Clusterschlüssel gehörenden Daten durchschnittlich 400 Bytes, wird SIZE = 400 gesetzt. Verbleiben beispielsweise nach Abzug aller Header eines Blocks 1800 Bytes für die Datenspeicherung, so werden die Daten zu vier Cluster-schlüsseln in einem Block gespeichert, wobei aber so viele Daten hinein geschrieben werden, bis dieser gefüllt ist. Passen dennoch nicht alle Daten zu einem Schlüssel in einen Datenblock, so wird er mit weiteren verkettet. Sind dagegen nach Speicherung der vier Schlüssel und ihrer Werte noch z.B. 800 Bytes nicht genutzt, so verfallen diese als Verschnitt.

Diese Aspekte sollten bei der Berechnung des Speicherbedarfs stets berücksichtigt werden, insbe-sondere, da die Default-Einstellung für SIZE = 1 KB ist.[33] Falsche Einstellungen könnten zu folgen-den Nachteilen führen (vgl. [ORACLE93b], S.8-46 ff.):

- Ein zu groß gewählter Wert führt zu einem zu großen Verschnitt und es müssen zum Selektieren einiger Datensätze mehr Blöcke gelesen werden, als wenn ohne Clusterung gespeichert werden würde.
- Bei zu klein gewählten Werten müssen durch die dadurch notwendigen Blockverkettungen für einen Clusterschlüssel viele Blocks gelesen werden.

ORACLE bietet zwei Cluster-Formen, die Index-Cluster und die Hash-Cluster. Beide unterscheiden sich in der Art ihrer Speicherung, woraus verschiedene Anwendungsbereiche resultieren.

Indexcluster

Bei zu Indexclustern gehörenden Tabellen werden die Daten in der Reihenfolge ihres Einlesens auf Festplatte gespeichert. Der Zugriff erfolgt über den Clusterindex, also den Index über die Cluster-schlüssel (vgl. [ORACLE93a], S. 5-19 ff.).[34] Damit sind für das Selektieren eines Datensatzes mindestens zwei E/A-Operationen nötig, die durch Verlagern auf verschiedene Festplatten im Zugriff parallelisiert werden können (vgl. Kap. 4.3.3.2).

Indexcluster bieten sich insbesondere in folgenden Fällen an:

- Viele gleiche Werte für Clusterschlüssel lassen sich über den Index leicht verwalten.

---

[33] Für Tabellen beträgt der Defaultwert für SIZE = 1 KB, bei Indizes beträgt SIZE = 2 KB.

[34] Es können auch andere Spalten beliebig mit Indizes versehen werden.

- Ein Zugriff auf Clusterwerte über Mengenvergleiche (z.B. WHERE zrbeginn < 1970, oder WHERE schlagwort like 'erwerb%') läßt sich mittels Clusterindex performanter gestalten.

Bei den vorliegenden Tabellen könnten sich die Ergebnistabellen aller Schlagwörter auf Segmentebene sowie auf Zeitreihenebene (Tabellen SWS und SWZ) für eine Clusterung eignen. Beide Tabellen besitzen die Spalte Schlagwort (sw), über die anwendungsgemäß auf sie zugegriffen wird. Da die Tabellen bei Abfragen aber nicht über sw miteinander verknüpft sind, wären sie jeweils einzeln zu clustern. Am Beispiel der Tabelle SWS wurden folgende Überlegungen angestellt:

⇨ Zur Clusterparameter-Berechnung sind folgende Angaben notwendig (vgl. Abb. 4, die Quelldaten sind in Datei ANZ_SW.XLS enthalten): Wie viele Einträge insgesamt (1), wie viele eindeutige Einträge (2), wie viele Einträge je Schlagwort im Mittel (5).

⇨ Zur Entscheidung, ob Clusterung sinnvoll ist, dienen Angaben über die Streuung (vgl. Abb. 4 u. 5).

Auswertungen		**Klassen-grenzen**	**Häufigkeiten**
		2	5618
1) Summe Eintr.	245.951	4	4917
2) Anzahl	16.382	6	1711
3) Minimum	1	8	654
4) Maximum	2.070	10	414
5) **Mittelwert**	**15**	20	1164
6) Varianz	3.034	30	396
7) Standardabw.	55	40	435
8) Median	3	50	154
		60	99
Im Mittel ist ein Schlagwort		70	101
Schlüssel für 15 Datensätze!		80	54
		90	38
		100	39
		>100	588

Abb. 4: Auswertungen der Tabelle SWS als Entscheidungsgrundlage für Clusterung

Eine Auswertung der Angaben ergab:

⇨ Ein Vorteil wäre, daß die ca. 16.000 eindeutigen Schlüssel der rund 250.000 Datensätze umfassenden Tabelle physisch nur einmal gespeichert würden. Daraus resultiert ein Speicherplatzgewinn von ca. 630 KB (vgl. in Abb. A-57 den Ausschnitt aus Datei TABGROE.XLS, Register: Clustergröße, zur Berechnung der Cluster-Speicherparameter).

⇨ Dem steht folgender Nachteil gegenüber: Im Mittel entfallen auf einen Clusterschlüssel 15 Daten-sätze. Ein Median von 3 und eine Varianz von 3.034 sprechen aber für eine extrem breite Streuung, d.h. wenn eine durchschnittliche Satzlänge von 500 Bytes je Clusterschlüssel berechnet wird, so unterliegt die tatsächliche Länge der Datensätze extremen Schwankungen. Das führt teilweise zur Verkettung vieler Datenblöcke, in jedem Fall aber zu hohem Verschnitt.

⇨ Der Verschnitt sollte bei den Speicherberechnungen durch starkes Aufrunden des Speicherbedarfs berücksichtigt werden. Hier wurde (willkürlich) von 11 auf 15 MB aufgerundet.

⇨ Große Verkettungen und viel Verschnitt belasten die Performance bei Abfragen, da in beiden Fällen viele Datenblöcke gelesen werden müssen.

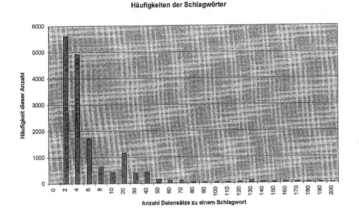

Abb. 5: Häufigkeiten von Clusterschlüsseln mit Anzahl zugehöriger Datensätze in Tabelle SWS[35]

Es stellt sich also die Frage, ob die hier aufgezählten Probleme den Performancegewinn einer Cluste-rung nicht aufzehren oder sogar negativ beeinflussen können. Dazu wurde der Versuch C-1 durch-geführt, in dem die Tabelle SWS „normal" und als Cluster angelegt wurde. An beiden Tabellen wurden ausgewählte Anfragen gestellt und die Antwortzeiten gemessen. Das Ergebnis zeigt, daß durch die Clusterung der Relation am vorliegenden Datenbestand teilweise sogar ein Zeitnachteil entstand.

---

[35] Hinweise zur Darstellung: Bruch in der Klassenbildung: ab Wert 10 wurden statt 2er nun 10er Klassen gebildet. Das Diagramm zeigt nur einen Ausschnitt der Werte bis 200! Die Säule über Wert 4 gibt bspw. an, daß es 4917 Schlagwörter gibt, zu denen 3 oder 4 Datensätze vorhanden sind.

Es bleibt festzuhalten, daß ein Datenbestand für die Clusterung sehr genau zu untersuchen ist. Es wird aber an dieser Stelle nicht weiter auf Untersuchungskriterien eingegangen, da im Rahmen dieser Arbeit nur Optimierungsansätze aufgezeigt werden sollen. Das beinhaltet natürlich auch das Aufzeigen von Grenzen bzw. Gefahren dieser Ansätze, die Hintergründe zu klären würde aber den Rahmen sprengen.

Hashcluster

Bei der Speicherung von Daten in einem Hashcluster wird ein Datensatz aufgrund des Ergebnisses der Hashfunktion gespeichert, welche aus dem Clusterschlüssel jedes Datensatzes den physischen Speicherort berechnet. Auf dieselbe Weise werden die Daten später auch wieder gelesen (vgl. [ORACLE93a], S. 5-23 ff.). Im Unterschied zum Indexcluster wird hier jeder Clusterschlüssel einzeln (also redundant) gespeichert. Außerdem wird über nur eine E/A-Operation direkt auf die Daten zugegriffen, da der physische Speicherort des Datensatzes mit der Hashfunktion berechnet wird (vgl. Abb. A-58).

Folgende Überlegungen spielen bei der Verwendung eines Hashclusters eine Rolle:

• Performancegewinn bei Abfragen auf Gleichheit in WHERE-Clause.
• Performanceverluste bei Mengenabfragen, z.B. WHERE sw LIKE 'arbeit%' OR zrbeginn < 1970.
• Performanceverluste bei vielen Änderungen im Datenbestand.
• Performanceverluste bei kleinen, vielfrequentierten Tabellen.
• Performanceverluste bei vielen Datensätzen zu einem Hash-Wert.

Ein Übertragen dieser Überlegungen auf die oben bereits behandelte Schlagworttabelle führt zu folgenden Schlüssen:

Für die Hash-Clusterung sprechen:

⇨ Es handelt sich um einen festen Datenbestand, der keinen zukünftigen Änderungen unterliegt.
⇨ Auf die Tabelle wird anwendungsgemäß nur über bedingte Abfragen, wie z.B. WHERE (sw = 'schulen' OR sw = 'schulentlassene' OR sw = 'schule' OR sw = 'hochschule') zugegriffen.
⇨ Mit 250.000 Datensätzen ist die Tabelle wahrscheinlich ausreichend groß.

Dagegen spricht:

⇨ Es gibt nur ca. 16.000 Clusterschlüssel, aufgrund derer für alle (ca. 250.000) Datensätze die Hash-Werte, also die Speicheradressen berechnet werden, es wird also zu Kollisionen der Adressen kommen. In diesem Fall speichert ORACLE die Daten in Überlaufblöcken (vgl. [ORACLE93a], S. 5-28 f.). Dadurch kommt es insbesondere bei häufig vorhandenen (und damit auch häufig abgefragten) Schlagwörtern zu vermehrten E/A-Operationen, die die Performance erheblich beeinträchtigen können.

Das Problem der „Kollision der Speicheradressen" könnte die Vorteile aufzehren und damit die Performance nachhaltig verschlechtern.

Im Rahmen dieser Arbeit wurde damit auf Clusterung insgesamt verzichtet.

4.3.3 Ergebnis der Optimierung

Als kritisch bei der Festlegung der physischen Speicherung eines Schemas erweist sich, daß sich die genauen Auswirkungen der Speicheroptimierung oft erst unter hoher Belastung oder bei sehr großem Datenbestand zeigen lassen. Ab wann ein Datenbestand allerdings „sehr groß" ist, ist außer von Anwendung und Rechnerbelastung auch von der Art der Optimierungsmaßnahme abhängig, wie sich z.B. bei der Indizierung zeigte.

Zusammenfassend sollten folgende Einflußgrößen bei der physischen Speicherung berücksichtigt werden:

- Wie oft ändert sich der Datenbestand?
- Wie viele verschiedene Werte enthält eine Spalte?
- Auf welche Spalten einer Relation wird wie oft zugegriffen?
- Welcher Art sind die Abfragbedingungen an Spalten überwiegend?
- Welche Tabellen werden miteinander verknüpft?

Der Quellcode des für die Anwendung verwendeten Schemas befindet sich in Datei SBA_SCHEMA.SQL.

4.4 Aufbereiten und Einlesen der Daten

Die einzulesenen Daten befinden sich teilweise in Exceldateien (Segmentdaten, Ersatz für Abkürzungen/Thesaurus) oder bereits in der Datenbank (Zeitreihentitel). Segmente und Zeitreihen werden während des Einlesens normalisiert (d.h. auf die normalisierten Tabellen aufgeteilt und redundanzfrei gespeichert), die Metasuchhilfen (Thesaurus usw.) sollen nach dem ersten Einlesen ständig erweitert werden können. Die Schlagwort-Ergebnistabellen sollen aus dem fertig gespeicherten Datenbestand einmalig generiert werden.

Nachfolgend werden kurz drei hier verwendete Wege mit ihren Vor- und Nachteilen aufgeführt.

4.4.1 Verwendung von Excel-Makros

Erstellen einer SQL-Batchdatei

Ein Makro liest die Tabellenfelder der Exceltabelle, erstellt daraus INSERT-Statements und schreibt diese in eine Datei. Auf diese Weise verarbeitete Tabellenfelder werden über den Blattschutz gesperrt, so daß sie gegen versehentliche Änderungen ebenso wie erneutes Verarbeiten zum INSERT-Statement geschützt sind. Die erstellte Batchdatei kann aus einer SQL-Umgebung aufgerufen werden.

Vor- und Nachteile:

⇨ Flexible Handhabung bei wachsenden Bestandsdaten.

⇨ Mit Excel-Makros anwenderfreundlich zu programmieren.

⇨ Fehler beim Abspielen der Batchdatei sind schwer ausfindig zu machen, da auf dem Bildschirm nur die Meldung erscheint, daß ein Satz nicht korrekt eingelesen wurde, nicht aber, welcher.

Die Daten der Metasuchhilfen wurden auf diese Weise eingelesen (vgl. Datei METATAB.XLS).

Erstellen einer Eingabedatei in speziellem Format aus einer Exceltabelle (Einlesen in Verbindung mit 3.GL)

Über die Makrosprache wurden die Daten der Exceltabelle in eine Datei eingelesen. Der Aufbau dieser Datei folgt dem Aufbau der Relation in der Datenbank, wobei die einzelnen Spalten durch eine unverkennbare Zeichenfolge getrennt sind. Die Daten dieser Eingabedatei werden während des Einlesevorgangs mit bereits vorhandenen Daten in der Datenbank verglichen und so redundanzfrei gespeichert. Der Einlesevorgang wird von einer 3.GL Sprache gesteuert (z.B. Perl, s.u.).

Vor- und Nachteile:

⇨ Sicherer als Verarbeitung über Batchdatei, da DB-seitig auf Redundanzfreiheit geprüft wird.

⇨ Fehler beim Einlesen können genau protokolliert bzw. abgefangen und weiterverarbeitet werden.

Die Segmentdaten wurden auf diese Weise unter Verwendung von Perl eingelesen (vgl. nächster Abschnitt; Datei KLASS95.XLS enthält den Programmcode).

4.4.2 Verwendung einer 3.GL-Sprache

Daten befinden sich in Datendatei mit speziellem Format

Die Datendatei wurde unter Verwendung von Perl zeilenweise ausgelesen und entsprechend von besonderen Trennzeichen in Felder zerteilt (vgl. vorheriger Abschnitt). Für die einzelnen Felder konnte nun über SELECT-Statements ermittelt werden, ob sie bereits in der Datenbank enthalten sind oder nicht. Dem Ergebnis dieser Abfrage entsprechend kann aus den Daten ein INSERT- oder UPDATE-Statement erstellt werden bzw. keine weitere Verarbeitung folgen. Sie können auch in mehrere Relationen eingetragen werden.

Für sämtliche SQL-Statements wurde eine Datenbankverbindung aufgebaut, das Statement abgeschickt und das Ergebnis der Transaktion wieder im Programm aufgefangen, ehe die Verbindung wieder geschlossen wurde. Unplanmäßige Fehler wurden in einer Protokolldatei mitprotokolliert, und in einer dritten Datei wurden pro forma neue INSERT-Statements mit den fehlerhaften Datensätzen erstellt.

Vorteile:

⇨ Es stehen alle Möglichkeiten einer vollständigen Programmiersprache zum Abfangen von Fehlern zur Verfügung, daher ist dieser Weg sehr sicher zum Einlesen größerer Datenmengen.

⇨ Das Einlesen der Daten kann in Abhängigkeit von bereits vorhandenen Daten geschehen.

⇨ Abhängig von den gerade zu bearbeitenden Daten können diese zeitgleich in mehrere Relationen eingetragen werden.

⇨ Die Sprache Perl eignet sich sehr gut für Stringoperationen.

Nachteile:

⇨ Als interpretierte Sprache ist die Verarbeitung mit Perl eher langsam.

⇨ Das ständige Auf- und Abbauen von DB-Verbindungen kann sehr zeitaufwendig sein und unter hoher Belastung Fehler auf Betriebssystemebene hervorrufen.[36]

Diese Vorgehensweise wurde auf die Segmentdaten angewendet. Aus den KG-Titeln und Segmenttexten konnten zugleich Schlagwörter generiert sowie Wörter mit Umlauten für die Metasuchhilfe aufbereitet werden, d.h. in die entsprechende Tabelle für Umlaute mit und ohne Umlaut eingetragen werden (vgl. Dateien INSERT_K.PL, INSERT_K.PROT, TSBAPERIODE.ERR).

Daten befinden sich in Datenbank

Dasselbe Programm zum Einlesen einer Eingabedatei kann auch für bereits in der Datenbank enthaltene Daten wiederverwendet werden. Es muß lediglich die Daten über ein SELECT-Statement aus der DB lesen, anstatt aus einer Datei. Das Statement kann einen Datensatz entsprechend dem Format der Eingabedatei aufbereiten, d.h. dieselben Trennzeichen zwischen Datenfeldern ausgeben.

Vor- und Nachteile (zusätzlich zu den zuvor aufgeführten):

⇨ Vorhandener Programmcode kann wiederverwendet werden.

⇨ Allerdings müssen jetzt noch mehr DB-Verbindungen auf- und abgebaut werden.

Die in der DB bereits vorhandene Zeitreihenrelation wurde auf diese Weise in das neue Schema überführt und verschlagwortet. Dabei wurde mittels Perl der Datenbestand z.B. durch Einfügen von Leerzeichen besser lesbar gestaltet (vgl. Datei INSERT_T.PL).

4.4.3 Verwendung von PL/SQL

PL/SQL kann zur Aufbereitung von bereits in der Datenbank vorhandenen Daten verwendet werden. Es ermöglicht eine einfache Handhabung, da die Daten nie ihre tabellarische Form verlieren.

Vorteile:

⇨ Gute Performance, da alle Transaktionen innerhalb der DB stattfinden.

⇨ Das Triggerkonzept ermöglicht ein automatisches Update, welches insbesondere für redundant gespeicherte Daten zur Kosistenzsicherung wichtig sein kann.

⇨ PL/SQL ermöglicht umfassende Fehlerbehandlung.

Nachteile:

⇨ Anwendung nur auf bereits in der DB enthaltene Daten möglich.

Für die Aufbereitung der Ergebnistabellen der Schlagwörter wurde PL/SQL verwendet. Auf eine Sicherung der Konsistenz durch Trigger wurde hier verzichtet, da die Daten keinen Änderungen unterliegen (vgl. Datei: SWERST.TXT).

---

[36] Es gibt in Perl Möglichkeiten, Child-Prozesse abzuspalten, die eine DB-Verbindung ständig aufrechterhalten. Der Parentprozeß kann dann mit seinen Childprozessen kommunizieren, d.h. ihnen SQL-Statements schicken und die Antworten zurückerhalten. So könnten ggf. die noch unergründeten Betriebssystemfehler abgefangen werden. Genaue Auswirkungen auf die einzulesenen Daten konnten bisher nicht festgestellt werden. Auf die Programmierung von Prozeßkommunikation wurde im Rahmen dieser Arbeit verzichtet.

4.5 Zusammenfassung und Schluß der Schemaentwicklung

Bei der Umsetzung eines konzeptionellen Entwurfs zu einem physischen Schema stellen Datenbanktheorie sowie die ORACLE-Datenbank diverse Hilfsmittel zur Verfügung. So werden z.B. in ([VOSSEN94], S. 257 ff.) Algorithmen zur Normalisierung vorgestellt. In Kap. 4.3 dieser Arbeit wurden einige Schemaoptimierungsansätze von ORACLE 7.1 angesprochen. Wie aber die Ausführungen zur Denormalisierung (Kap. 4.2.3) sowie der Versuch C-1 gezeigt haben, stehen den theoretischen Ansätzen und auch den praktischen Möglichkeiten die Anwendungsspezifika entgegen, d.h. bei der Umsetzung muß die spätere Anwendung im Vordergrund stehen.

Das Ziel des physischen Datenbankschemas ist die effizientere Speicherausnutzung, wie folgendes Beispiel der Zeitreihentabelle zeigt:

Datenbankobjekt \ Schema	Universalrelation Zeitreihe	optimierte Zeitreihenrelationen
Tabellen	59 MB	26 MB
Indizes	66 MB	78 MB
Summen:	125 MB	104 MB

Abb. 6: Effizienzsteigerung durch optimierte Speichernutzung

Der Optimierungsvorgang bewirkte eine Speicherersparnis von über 15%, wobei auf die Daten durch anwendungsnahe Speicherung und verstärkte Indizierung ein schnellerer und besser kontrollierbarer Zugriff ermöglicht wurde. Berücksichtigt man aber auch die die Antwortzeiten der Anwendung wesentlich verkürzende, zusätzlich gespeicherte Schlagwortergebnistabelle (Speicherbedarf: 39 MB für die Tabellen, 110 MB für Indizes), zeigt sich die Schere zwischen Speicherplatzminimierung und Anwendungsoptimierung. Mehr Speicherplatz bedeutet also einen Performancegewinn.

5 Entwicklung und Optimierung von Datenbankanfragen

Wie das letzte Kapitel gezeigt hat, beginnt die Entwicklung effizienter Datenbankabfragen bereits bei der physischen Speicherung. Aber auch bei der Erstellung von SQL-Abfragen kann der Anwendungs-entwickler sowohl durch die Art der Ausformulierung des Statements, als auch durch die Wahl des Abfragemittels wesentlichen Einfluß auf die Performance nehmen.

Um sich der Auswirkungen verschiedener SQL-Ausformulierungen bewußt zu werden, muß man die Arbeitsweise des Query-Optimizers kennen, der zunächst vorgestellt wird. Anschließend werden an einigen anwendungsbezogenen Beispielen die Auswirkungen für SQL-Statements dargestellt. Eine vergleichende Übersicht der Abfragemittel SQL, PL/SQL und Dynamic SQL wird im Kapitel 5.3 gegeben.

5.1 Der Query-Optimizer

5.1.1 Optimierungsansätze

Für jedes SQL-Statement wird datenbankintern ein Miniprogramm erstellt, das die einzelnen Datenzugriffe steuert. Der Optimizer wählt hierbei von den verschiedenen Möglichkeiten der Aus-wertung vorgegebener Suchprädikate den voraussichtlich effizientesten Weg aus. Je nach Art der vor-handenen Informationen unterscheidet er zwei Vorgehensweisen: die regelbasierte (auch: syntak-tische) und die statistische Query-Optimierung.

Regelorientierte Query-Optimierung

Im regelbasierten Ansatz untersucht der Optimizer die Syntax des Statements, d.h. die einzelnen Prä-dikate des WHERE-Clauses sowie deren Verknüpfungen untereinander. Die Reihenfolge der Abarbeitung dieser Bedingungen wird aufgrund vorgegebener Regeln festgelegt, wonach schneller zu bearbeitende Operationen zuerst bearbeitet werden, damit sich die nicht so schnell zu bearbeitenden Operationen auf eine bereits eingeschränkte Ergebnismenge beziehen (vgl. [FRMORAWE95], S. 95 f.). So führen beispielsweise AND- oder Gleichheitsverknüpfungen schneller zu Ergebnissen, als OR- oder Ungleichheitsverknüpfungen. Weiterhin haben Prädikate auf indizierte Attribute Vorrang vor nicht indizierten. Aber auch bei Indizes wird beispielsweise zwischen den unique Indizes und den langsameren nicht unique Indizes unterschieden (vgl. [FRMORAWE95], S. 98 f.). Aus dieser Klassifizierung resultiert eine Rangreihenfolge (vgl. Abb. A-59), in der einzelne Operationen abgearbeitet werden.

Statistikorientierte Query-Optimierung

Im Gegensatz zur heuristischen Vorgehensweise des regelorientierten Ansatzes basiert die Entschei-dung für die Reihenfolge der auszuwertenden Prädikate hier auf statistischen Informationen über die zu bearbeitenden Tabellen, Cluster und Indizes (vgl. [FRMORAWE95], S. 96). Der ANALYZE-Befehl erstellt diese Statistiken im Data-Dictionary (vgl. [ORACLE92c], S. 4-89 ff.). Weiterhin können im Statement Optimierungsvorschläge, sogenannte Hints, übergeben werden. Diese ermöglichen dem Anwendungsentwickler Schwachstellen[37] des Optimizers durch sein Wissen über die Daten auszugleichen (vgl. ([ORACLE92a], S. 5-14 ff.). Unter Einbezug der aktuell verfügbaren Systemressourcen wird aus allen vorliegenden Informationen der effizienteste Zugriffspfad berechnet (vgl. [ORACLE93a], S. 13-8).

Allgemeine Optimierung

Unabhängig vom verwendeten Optimierungsansatz konvertiert ORACLE komplexe Ausdrücke - soweit möglich - in effizientere. Dieses läuft im wesentlichen auf eine Darstellung von Ungleichheits-[38] durch Gleichheitsbeziehungen hinaus. Beispielsweise werden überflüssige Joker entfernt (aus sw = 'schule%' wird sw = 'schule') oder IN-Operationen (Listenvergleiche) in Gleichheitsoperationen umgewandelt (aus: WHERE sw in ('schule', 'gymnasium', 'uni') wird: WHERE sw = 'schule' OR sw = 'gymnasium' OR sw = 'uni') (vgl. [ORACLE93a], S. 13-3 ff. u. S. 13-16 ff.).

Jeder fertig erstellte Ausführungsplan kann über das EXPLAIN PLAN-Statement in eine Tabelle eingetragen und dann abgefragt werden. Neben der Bearbeitungsreihenfolge kann man so die verwendeten Indizes ablesen (vgl. Übersicht B-3).

5.1.2 Wahl eines Optimierungsansatzes

Bei der Entscheidung für einen der aufgeführten Optimierungsansätze muß berücksichtigt werden, daß neue Releases des Optimizers zukünftig zu anderen Ausführungsplänen führen können. Es sollte also versucht werden, die Statements „Optimizer-transparent" zu gestalten ([FRMORAWE95], S. 95). Weiterhin ist zu beachten, daß der statistische Optimizer diverse Annahmen in die Auswertung der Tabellenstatistiken steckt (vgl. [ORACLE93a], S. 13-29 ff.). Zwar kann bei zu befürchtenden Verzerrungen über Hints in den Statements Einfluß auf den Ausführungsplan genommen werden, dennoch wären die genaueren Auswirkungen in der Praxis zunächst zu erproben. Insbesondere, da unter verschiedenen Belastungsgraden und Systemressourcen unterschiedliche Entscheidungen gefällt werden können.

Richtig eingesetzt wird durch den statistischen Optimizer die Performance mit Sicherheit zu steigern sein, da dieser die Auswertungsreihenfolge aufgrund von tatsächlich schneller zu bearbeitenden Prädikaten festsetzt und darüber hinaus die aktuellen CPU- und Speicherressourcen einbezieht. Im Rahmen dieser Arbeit wurde aber wegen der zuvor genannten Unklarheiten allein der regelorientierte Optimizer angewandt.

---

[37] Der statistische Optimizer steckt viele Annahmen in die statistischen Informationen, so z.B. bei Wertemengen eine Gleichverteilung aller Werte zwischen dem kleinsten und größten Wert.

[38] Ungleichheitsbeziehungen beinhalten Mengenvergleiche, z.B. durch Jokerverwendung (bei Stringoperationen) oder <>-Zeichen.

5.2 Optimierung von SQL-Statements

Die Arbeitsweise des Optimizers suggeriert einige Regeln für das Erstellen performanter Abfragen, wobei im einzelnen zu prüfen ist, ob deren Beachtung tatsächlich die Abfrageperformance steigern (vgl. [ORACLE93a] S. 13-13 ff. [FRMORAWE95] S. 63 ff. u. S. 105 ff):

1. Möglichst weitgehende Einschränkung der Ergebnismengen.

2. Umformulieren von Mengen- oder Listenvergleichen in einzelne Gleichheitsbeziehungen.

3. Beachtung der Reihenfolge anzugebender Prädikate in einem WHERE-Clause.

4. Vermeiden von unnötigen HAVING-Clauses, sofern syntaktisch möglich.

5. Keine Rechenoperationen auf indizierte Attribute, da hierdurch der Index „ausgeschaltet" wird.

6. Vermeiden von „Full Table Scans", also dem indexlosen Durchsuchen ganzer Tabellen.

7. Nutzung möglichst „ranghoher" Indizes (vgl. Abb. A-59).

Nachfolgend werden Beispiele aus der Anwendung zur Zeitreihenrecherche zu den oben aufgeführten Regeln genannt, wobei diese teilweise auf Richtigkeit überprüft und ggf. falsifiziert werden.

5.2.1 Einfache Anfragen

Weitgehende Einschränkung der Ergebnismengen

Im Laufe einer Recherchebearbeitung ist die Art der Weiterbearbeitung teilweise davon abhängig, ob zu einem User in bestimmten Zwischenergebnistabellen Einträge enthalten sind oder nicht. Anfragen dieser Art können durch Einschränkung der Ergebnismenge auf die erste Ergebniszeile (WHERE rownum = 1) wesentlich beschleunigt werden. Abhängig vom Anwendungsfall kann auch der dasselbe Ziel verfolgende Operator EXISTS verwendet werden.

Umformulierung von Mengen- in Gleichheitsvergleiche

Die Schlagwortsuche muß, z.B. um Metasuchhilfen, wie Abkürzungsersetzungen oder Thesaurus, in die Suche einzubeziehen, auf einzelne Wörter heruntergebrochen werden. Eine dieser Regel entsprechende Vorgehensweise wäre zunächst unter Verwendung eines Jokers (z.B. WHERE sw LIKE 'aktien%') aus der Tabelle SBASWUnique (vgl. Abb. A-51 und A-52) alle in Frage kommenden Schlagwörter abzufragen. Diese werden ggf. um Wörter aus den Metasuchhilfen ergänzt und zu einer WHERE-Kondition der Form „WHERE sw in ('aktien', 'aktiengesellschaft', 'ag', [...])" ausformuliert. Diese Bedingung wird anschließend für die Abfrage der 250.000 bzw. 800.000 Einträge umfassenden Tabellen SBASWS und SBASWZ verwendet (vgl. Abb. A-51 und A-52). Der Vorteil könnte darin liegen, daß nur über 16.000 Wörter ein Mengenvergleich unter Jokerverwendung nötig wäre, während bei den „großen" Schlagworttabellen nur Gleichheitsbeziehungen aus der Liste geprüft würden. Der Versuch C-2 zeigt aber, daß die Suche unter Verwendung des Jokers schneller abgearbeitet werden kann. Dieses ist damit zu begründen, daß bei Verwendung des Jokers einheitliche 6 Buchstaben („aktien") verglichen werden müssen, andernfalls aber mehr. Zur schnelleren Abarbeitung der Anfrage sollte demnach der Joker verwendet werden und die WHERE-Bedingung um solche in den Metasuchhilfetabellen gefundenen Wörter ergänzt werden, die nicht über den Joker gefunden werden können.

Umformulierung von Listen- in Gleichheitsvergleiche

Um dem Optimizer „die Arbeit abzunehmen", könnte die WHERE-Bedingung aus dem vorhergehenden Beispiel umformuliert werden in „WHERE sw = 'aktien' OR sw = 'aktiengesellschaft' OR sw = 'ag' [...]". Aber auch hier zeigt die Praxis in Versuch C-2 keinen Zeitvorteil.

Beachtung der Reihenfolge von WHERE-Prädikaten

Stehen in einer WHERE-Kondition mehrere gleichwertige Bedingungen[39] auf verschiedene Attribute, so kann neben der in Kap. 4.2 angesprochenen Reihenfolge der Indizierung auch die Reihenfolge der Prädikate einen Einfluß auf die Performance haben. Die Wirkung ist wiederum abhängig von der Art der Verknüpfung (AND, OR). Der Versuch C-3 dient dazu, die Wechselwirkungen der genannten Einflußfaktoren herauszufiltern. Dazu wurde eine Abfrage mit zwei Prädikaten (eine stark und eine gering einschränkende Bedingung) je einmal mit AND und OR verknüpft, einmal die Reihenfolge der Prädikate vertauscht und einmal an eine (bzgl. Indexreihenfolge und Speicherparameter) optimierte und eine nicht optimierte Tabelle gestartet. Die Prädikate waren einzeln erfüllbar, mit AND verknüpft ergaben sie keine Treffer. Für alle acht Statements wurde die benötigte Zeit gemessen. Zur Kontrolle wurde die gleiche Abfragereihe mit zwei Prädikaten wiederholt, von denen eines nicht erfüllbar, also NULL war, wobei das Ergebnis dem der ersten Abfragereihe glich und daher nicht gesondert aufgeführt wurde. Es ergaben sich folgende Abfragezeiten:[40]

1.) AND-Verknüpfung:

Mittelwert d. Anfragezeiten	Tabelle		
Reihenfolge d. Prädikate \	SBAZeitreihe	TSBAZeitreihe	Gesamtergebnis
Bereich nach OR	0,08	0,08	0,08
Bereich vor OR	0,08	0,08	0,08
Gesamtergebnis	0,08	0,08	0,08

2.) OR-Verknüpfung:

Mittelwert d. Anfragezeiten	Tabelle		
Reihenfolge d. Prädikate \	SBAZeitreihe	TSBAZeitreihe	Gesamtergebnis
Bereich nach OR	0,85	1,21	1,03
Bereich vor OR	1,03	1,45	1,24
Gesamtergebnis	0,94	1,33	1,13

Abb. 7: Meßergebnisse zu Versuch C-3

---

[39] Bedingungen sind gleichwertig, wenn beide Attribute mit einem ranggleichen Index gem. Abb. A-59 indiziert/nicht indiziert sind. Außerdem gibt es keine z.B. durch Klammersetzung enger verknüpften Prädikate.

[40] Anmerkung: Die Tabelle SBAZeitreihe enthält die optimiert angelegten Daten, in TSBAZeitreihe wurden die Daten ohne Berücksichtigung von Speicherparametern und Indexreihenfolge eingelesen. Das Prädikat bzgl. des Bereichs schränkt die Suche nur unwesentlich ein.

Daraus lassen sich folgende Schlüsse ziehen:

- Bei AND-Verknüpfung haben weder die Reihenfolge der Indizierung noch die Reihenfolge der Prädikate einen Einfluß auf die Abfrageperformance. Allerdings könnten sich bei umfangreicheren Anfragen mit größeren Tabellen und Ergebnismengen durchaus andere Ergebnisse ergeben.
- Bei OR-Verknüpfungen hat die Reihenfolge der Prädikate einen sehr wesentlichen Einfluß auf die Abfrageperformance.
- Auch die Reihenfolge der Indizierung hat einen Einfluß auf die Anfrageperformance, wobei dieser umso stärker ist, wenn eine sinnvolle Reihenfolge der Prädikate nicht beachtet wurde.
- Das erste Prädikat sollte die Ergebnismenge immer möglichst weit einschränken.[41]

5.2.2 Joins

Der Optimizer kann Tabellenverknüpfungen auf zwei Arten abarbeiten ([ORACLE93a] S. 13-61 f.):

1. Als verschachtelte Schleifen: Für die als äußere Tabelle bestimmte Relation werden alle Zeilen entsprechend des Prädikats einmal gelesen. Jede Ergebniszeile wird mit allen zu lesenden Zeilen der inneren Tabelle verglichen.

2. Als Sort-Merge-Verbindung: Die zu verknüpfenden Tabellen werden parallel gelesen und sortiert. Anschließend werden die jeweils resultierenden Zeilen entsprechend der Join-Bedingung zusammengeführt.

Bei der ersten Verknüpfungsart wird auf die innere Tabelle mehrfach lesend zugegriffen, daher sollte das zu lesende Attribut mindestens indiziert sein. Sind die benötigten Attribute beider Tabellen indiziert, so wird die Tabelle mit ranghöherem Index (vgl. Abb. A-59) als innere Tabelle gewählt. Haben beide Indizes denselben Rang, wird die im Statement zuletzt aufgeführte Tabelle als innere gewählt. Wenn die beiden Attribute über eine Gleichheitsbedingung verknüpft (Equi-Join) und nicht indiziert sind, verwendet der Optimizer die Sort-Merge-Verbindung. Im verbleibenden Fall (keine Indizes, keine Gleichheitsverknüpfung) werden die Tabellen wieder über verschachtelte Schleifen zusammengeführt, wobei der Optimizer die letzte aufgeführte Tabelle als innere Tabelle wählt.

Für die effiziente Formulierung von SQL-Statements ergeben sich hieraus folgende Ansätze (vgl. [FRMORAWE95], S. 96 - 99; [ORACLE93a] S. 13-57 ff.):

- Indizierung auch von kleinen Tabellen, damit diese bei Verknüpfungen über verschachtelte Schleifen immer als innere Tabellen gewählt werden.
- Die Tabelle mit der geringsten Datenmenge sollte zuletzt aufgeführt werden.

Darüber hinaus sollte stets die gesamte Ergebnismenge berücksichtigt werden, da größere Ergebnistabellen immer mit längeren Abfragezeiten einhergehen. Aus dieser Sicht heraus sind im wesentlichen Equi- von Non-Equi-Joins (betrifft Un-/Gleichheitsbedingung des verknüpften

---

[41] In ([FRMORAWE95], S. 105) wird das Gegenteil logisch hergeleitet. Allerdings steht die dortige Aussage auch ohne Bezug auf den Einfluß der Reihenfolge der Indizierung ([FRMORAWE95], S. 66).

Attributs), Restricted- von Non-Restricted-Joins (Restricted Joins enthalten Bedingungen auf weitere Attribute) sowie Inner- von Outer-Joins (Outer-Joins enthalten auch Datenzeilen, denen kein Fremdschlüssel in der anderen Tabelle zuzuordnen ist) zu unterscheiden. In der Tabelle in Abb. A-60 wurden die verschiedenen Join-Arten bezüglich ihrer Abfragezeiten (Kosten) miteinander verglichen (vgl. [FRMORAWE95], S. 85 ff.).

Die Anwendung bietet hierzu kein sinnvolles Beispiel, da nur sehr kleine Tabellen über Joins verknüpft wurden.

5.2.3 Geschachtelte Statements

Die Schachtelung von Statements ineinander als Subqueries stellt ein mächtiges Sprachmittel dar. Die Abarbeitung kann aber erheblich die Performance beeinträchtigen. So werden Subqueries grundsätzlich von innen nach außen ausgewertet und als geschachtelte Schleifen abgearbeitet. Dabei werden die inneren Statements zunächst (ggf. unter Verwendung von Indizes) zu temporären Ergebnistabellen aufbereitet. Bei nachfolgenden Vergleichs-Operationen kann auf diese temporären Tabellen allerdings nur noch über (performanceverschlechternde) Full Table Scans zugegriffen werden (vgl. [FRMORAWE95], S. 99 ff.).

Die Abbildung A-61 zeigt den tabellarischen und grafisch aufbereiteten Ausführungsplan eines Statements aus der Zeitreihenanwendung. Ziel der Abfrage ist die Ausgabe des Titels von TG2 aller Zeitreihen zu gegebener TG1 von einer ganz bestimmten Segmentbeschreibung (Segmenttext). Der ID des Segmenttexts ist nicht in der Zeitreihentabelle enthalten, sondern kann nur über die Segmenttabelle abgefragt werden, wobei beide Tabellen über die Segment-ID verknüpft sind.

Die Grafik zeigt folgende Arbeitsschritte, wobei die Zahlen in den Klammern die „Arbeits-ID" aus der Grafik wiedergeben:

1. (8) Das innere Statement wird unter Verwendung des Index auf id_sbasegment (9) ausgeführt und (was aus der Grafik nicht zu erkennen ist) als temporäre Tabelle im Datenbankpuffer gespeichert.

2. (3) Der Join (WHERE zr.id_sbatitelg2 = t2.id_sbatitelg2) wird als verschachtelte Schleife abgearbeitet, wobei die Tabelle SBATitelG2 aufgrund des höherrangigen Unique-Index (7) zur inneren Tabelle wird (6). Auf die demnach äußere Tabelle SBAZeitreihe (4) wird über den einfachen Index (5) zugegriffen.

3. (2) Jede aus (3) resultierende Zeile wird mit allen Zeilen der aus (8) resultierenden Tabelle verglichen, und zwar (ebenfalls aus der Grafik nicht erkennbar) als Full Table Scan auf die (indexlose) temporäre Tabelle.

4. (1) Sortier-/ Gruppenfunktionen werden zuletzt durchgeführt.

Diese Arbeitsweise läßt folgende Rückschlüsse zur Steigerung der Performance zu:

- Möglichst weitgehende Einschränkung der Ergebnismengen der Subqueries (also der temporären Tabellen) z.B. durch Verwendung von Gruppierungsfunktionen (GROUP BY, DISTINCT).[42]

- Einsatz von korrelierenden Subqueries, soweit möglich. Bei diesen bezieht sich mindestens ein Prädikat der WHERE-Kondition des Subqueries auf eine Tabelle der übergeordneten Query.[43]

- Vermeiden von Subqueries durch Denormalisierung (vgl. Kap. 4.2.3).

- Verwenden anderer Sprachmittel, wie PL/SQL (s.u.).

Im Rahmen der Anwendungsentwicklung wurden Subqueries weitestgehend durch Denormalisierung vermieden. Der dadurch gewonnene Zeitvorteil um den Faktor 50 (!) wurde in Versuch C-4a nachgewiesen. Falls dennoch Subqueries nötig waren, wurden sie mittels PL/SQL programmiert. Hierauf wird im nachfolgenden Unterkapitel eingegangen. Bei absehbar kleinen temporären Tabellen wurde aber auch von geschachtelten SQL-Anweisungen Gebrauch gemacht.

5.2.4 Optimierung durch Verwendung von PL/SQL

Als nichtprozedurale, deklarative Sprache müssen bei SQL alle Bearbeitungsvorgaben in einem Statement untergebracht werden. Bei komplexen Anfragen führt dies aber - wie das Beispiel aus dem vorhergehenden Unterkapitel zeigt - zu sehr umständlichen Formulierungen mit mehreren Joins oder Subqueries, die zudem meist lange Antwortzeiten benötigen. Lassen sich Subqueries dieser Art aber nicht umgehen, so können sie unter Verwendung von PL/SQL übersichtlicher und wesentlich performanter gestaltet werden. Versuch C-4b zeigt, wie das Beispiel aus Kap. 5.2.3 durch eine PL/SQL-Prozedur wesentlich schneller abgearbeitet werden kann. Dabei diente der Ausführungsplan aus Abb. A-61 als Programmablaufplan, d.h. prinzipiell wurde das Statement nicht anders abgearbeitet, als bei der direkten SQL-Abfrage. Folgende Faktoren tragen jedoch zum Performancegewinn bei:

1. Die enthaltenen Statements liegen bereits in kompilierter und optimierter Form vor.

2. Das Ergebnis der Subquery wird hier für jede Ergebniszeile unter Nutzung des Index neu erstellt, d.h. es muß kein - die Performance beeinträchtigender - Full Table Scan auf temporäre Tabellen durchgeführt werden.

Besonders der zweite Faktor trägt zur Verbesserung der Abfragezeit bei, wobei diese hier jener für Anfragen an denormalisierte Tabellen aus Versuch C-4a entsprach. Es kann allerdings nicht davon ausgegangen werden, daß Fehler durch zu stark normalisierte Tabellen grundsätzlich durch Verwendung von PL/SQL behoben werden können, da eine hohe Systembelastung die ständigen Lesezugriffe beeinträchtigen kann. Diese können wiederum andere zeitgleich laufende Anwendungen belasten. Der Effekt verstärkt sich, wenn die Tabelle des Subqueries groß und/oder stark frequentiert ist.

---

[42] In ([FRMORAWE95], S. 99 ff.) wird darüber hinaus besonders auf die Möglichkeiten des Operators EXISTS an Stelle von IN, ANY oder ALL hingewiesen.

[43] Für die Zeitreihenanwendung läßt sich hier kein sinnvolles Beispiel finden. Nach ([FRMORAWE95], S. 101 f.) sind korrelierende Queries um einen zweistelligen Faktor schneller, als entsprechende nicht korrelierende Queries.

5.2.5 Optimierung durch Verwendung von Dynamic SQL

Ein weiterer Lösungsansatz zur Vermeidung geschachtelter Abfragen verwendet in PL/SQL eingebettetes Dynamic SQL, d.h. während der Programmlaufzeit dynamisch generierte SQL-Statements. Das in Versuch C-4c getestete Programm erfragt (gemäß der Subquery) zunächst alle in Frage kommenden Segment-IDs und generiert daraus zusammen mit den restlichen Bedingungen der übergeordneten Query des Ausgangsbeispiels ein SQL-Statement. Dieses Programm hatte, verglichen mit der ersten PL/SQL-Lösung, im Versuch die gleichen Antwortzeiten, bringt aber den Vorteil mit sich, daß die Tabelle der Subquery nur einmal abgefragt werden muß. Auch zeigt sich hier die hohe Flexibilität gegenüber sich anwendungsbedingt ändernden Anfragen. Dem steht der Nachteil gegenüber, daß das erstellte Statement zunächst geparst, die Zugriffspfade optimiert und ein Miniprogramm erstellt werden muß.

5.2.6 Zusammenfassung der Optimierungsansätze

Insbesondere beim Beispiel zu den geschachtelten Statements ist deutlich geworden, daß die Mächtigkeit von SQL vielfach zu Lasten der Anfragezeiten geht. Solche Mängel sollten bereits bei der Schemaerstellung berücksichtigt werden. Ansonsten können prozedurale Programmiersprachen in Grenzen Abhilfe schaffen.

Insgesamt lassen sich folgende Ansätze zur Optimierung festhalten:

- Anwendungsnahe Speicherung der Daten (Denormalisierung, Speicherparameter, Indizierung mit Berücksichtigung der Indexreihenfolge, usw.).
- Die datenbankinterne Optimierung sollte nicht vorweg genommen werden (vgl. Versuch C-2).
- Berücksichtigung der Reihenfolge gleichwertiger Prädikate in der WHERE-Kondition bei OR-Verknüpfungen.
- Berücksichtigung der Wertigkeit von Indizes bei Join-Verknüpfungen gemäß der Rangtabelle in Abb. A-59, um daraus ggf. die Reihenfolge der zu verknüpfenden Tabellen abzuleiten.
- Bei geschachtelten Statements sollte die Ergebnistabelle des/der Subqueries möglichst klein sein, ansonsten sollten Subqueries durch Verwendung von PL/SQL umgangen werden.

In vielen Fällen macht der durch Anwendung dieser Ansätze entstehende Zeitgewinn bei Anfragen nur Sekundenbruchteile aus. Man sollte dabei aber berücksichtigen, daß eine Recherche a) aus sehr vielen kleinen Statements besteht, deren Performancegewinn sich schnell summiert, und b) diese Sekundenbruchteile unter hoher Systembelastung schnell zu Sekunden anwachsen können.

5.3 Wahl der Anfragemittel

Bereits bei der Optimierung von Statements zeigten sich Möglichkeiten und Grenzen von SQL, PL/SQL und Dynamic SQL. Nachfolgend sollen noch einmal die wesentlichen Eigenschaften dieser drei Abfragemittel, die bei der Entwicklung von Anwendungen zu bedenken sind, aufgeführt werden. Die Anwendung zur Zeitreihenrecherche besteht im wesentlichen aus PL/SQL-Prozeduren, in die teilweise Dynamic SQL eingebettet wurde. Nur in Einzelfällen, die auf der Anbindungsart an das WWW beruhen, wurde auf „reine" SQL-Statements zurückgegriffen.

5.3.1 SQL

SQL eignet sich aufgrund seiner sprachgebräuchlichen Formulierung besonders für einfache Ad-hoc-Anfragen. Es ist kein Hintergrundwissen bezüglich der Speicherpfade notwendig. Als Art interpretierte Sprache wird jedes Statement gesondert geparst, optimiert und zu einem Miniprogramm erstellt. Die Miniprogramme werden vorübergehend im Private SQL-Bereich des System Global Areas gespeichert. Sie können aber nur wiederverwendet werden, wenn genau dasselbe Statement (mit identischer Groß-/Kleinschreibung usw.) abgesetzt wird (vgl. [ORACLE92a], S. 4-10). ORACLE ermöglicht innerhalb von SQL*PLUS zudem eine Formatierung der Ergebnisausgabe. Einzelne Spalten einer Tabelle können ebenso bedarfsgerecht formatiert werden, wie ganze Ausgabeseiten. Hierfür werden wiederum Variablen gesetzt, die jeweils für die laufende Session gelten und damit ebenfalls im Private SQL-Bereich gespeichert werden. Formatierte Ausgaben können oft schneller abgearbeitet werden, als nicht formatierte.

5.3.2 PL/SQL

Für die Verwendung von PL/SQL spricht primär die Ausstattung von SQL-Abfragen mit Programmkonstrukten, wie Schleifen und Verzweigungen. Die so erstellten Prozeduren werden kompiliert in der Datenbank gespeichert und sind damit über verschiedene Sessions und - entsprechende Zugriffsrechte vorausgesetzt - User wiederverwendbar.[44] Beim Aufruf einer Prozedur wird diese in den Shared SQL-Bereich geladen, nur die benutzerspezifischen Variablen stehen im Private SQL-Bereich. So wird die zeitgleiche Nutzung einer Prozedur von verschiedenen Sessions ermöglicht, ohne daß diese mehrfach in den SGA geladen werden muß. Diese Vorgehensweise von ORACLE schafft bei der Verwendung von zu Paketen „gepackten" Prozeduren einen weiteren Vorteil: Sowie eine der Prozeduren des Paketes aufgerufen wird, wird das gesamte Paket in den Shared SQL-Bereich geladen. Weitere Prozeduren dieses Paketes sind dann sofort verfügbar. (vgl. [ORACLE92b], S. 7-4). PL/SQL eignet sich somit sowohl zur schnelleren Bearbeitung komplexer Statements (vgl. Versuch C-4b), als auch zur Erstellung kompletter Anwendungen. Als fester Bestandteil der Datenbank hat es den Vorteil beliebig in andere Betriebssystemumgebungen portierbar zu sein, ohne daß betriebssystemabhängige Kompiler benötigt werden. Allerdings läßt „reines" PL/SQL die Ausgabe von selektierten Datensätzen nur in sehr begrenztem Umfang zu. Nur zusammen mit dem ORACLE-spezifischen GUI-Tool FORMS oder mit dem ORACLE Web Agent ist die umfangreiche Ausgabe von Ergebnissen möglich. Letzterer bereitet die Daten für das WWW auf, indem er sie mit HTML-Tags versieht.

---

[44] Die Ausnahme bilden sogenannte anonyme Blöcke. Diese werden nicht mittels des CREATE-Befehls erstellt und sind damit namenlos. Sie werden - wie SQL-Statements - nur einmal abgearbeitet. Die Prozeduren in Versuch C-4b wurden mittels anonymer Blöcke gestartet.

5.3.3 Embedded SQL

In vielen Programmiersprachen können SQL-Statements direkt eingebunden werden. Ein entsprechender Prekompiler wandelt diese Statements dann in programmspezifische Funktionsaufrufe um. Die aufgerufenene Funktionen bauen über eine datenbankspezifische SQL-Schnittstelle (Bei ORACLE das ORACLE Call Interface (OCI)) eine Verbindung auf, an die fortan die SQL-Statements (ebenfalls in Form von Funktionsaufrufen) übergeben werden. Die aus dieser Schnittstelle zurückerhaltenen Ergebnisse können - genau wie bei PL/SQL - mit dem Cursor-Konzept verarbeitet werden (vgl. [FRMORAWE95], S. 285 ff.). Dabei bieten Programmiersprachen gegenüber PL/SQL den Vorteil einer wesentlich besseren Ergebnisausgabe. Allerdings weisen Embedded SQL-Programme gegenüber PL/SQL-Prozeduren meist Performance-Nachteile auf, da sie der Datenbank SQL-Statements übergeben, die wiederum erst optimiert und zu Miniprogrammen erstellt werden müssen. Ein weiterer Nachteil ergibt sich aus der schlechteren Portabilität, da für verschiedene Betriebssysteme jeweils entsprechende Kompiler benötigt werden.

5.3.4 Dynamic SQL

In komplexen Anwendungen ergeben sich die Abfragebedingungen oft erst aus Benutzereingaben oder Zwischenergebnissen während der Laufzeit. In der Zeitreihenrecherche kann ein SELECT-Statement beispielsweise auf Schlagworte, bestimmte Bereiche (Bereichs-IDs) und (durch Angabe einer bestimmten Regionalität) Segment-IDs eingeschränkt werden. Der Anwender nutzt aber nicht immer alle Einschränkungsmöglichkeiten. Ohne Berücksichtigung des Falls, daß gar nichts angegeben wurde, ergeben sich daraus 7 verschiedene Kombinationsmöglichkeiten für einschränkende Prädikatmengen (allgemein: n! - 1, mit n:= Anzahl der Einschränkungsmöglichkeiten). Diese mit Fallunterscheidungen zu implementieren würde erheblichen Programmieraufwand bedeuten.

Besser eignet sich für Problemstellungen dieser Art das dynamische Erstellen von Statements, wobei diese Technik sowohl innerhalb von PL/SQL-Prozeduren, als auch innerhalb von anderen Programmiersprachen angewendet werden kann. Versuch C-4c zeigte beispielsweise, wie mittels Dynamic SQL in PL/SQL die gesamte WHERE-Kondition aus Zwischenergebnissen zusammengestellt wurde. Dies ist zwar aufwendiger zu programmieren,[45] dafür sind aber nur noch n Fallunterscheidungen notwendig. Die Verwendung von Dynamic SQL ist somit erst bei mehr als zwei möglichen Prädikatmengen sinnvoll.

Weiter ist zu bedenken, daß die dynamisch erstellten Statements vor ihrer Ausführung erst zu Miniprogrammen konvertiert werden müssen, was das Optimieren und Parsen beinhaltet, und zwar unabhängig davon, ob Dynamic SQL in PL/SQL oder einer anderen Programmiersprache eingebunden ist. Verglichen mit „reinem" PL/SQL kann die Performance darunter leiden.

---

[45] Die Prozedur in Versuch C-4b („reines" PL/SQL) hat nur ca. 1/3 der Länge wie in 4c (Dynamic SQL in PL/SQL).

5.3.5 Übersicht über die Entscheidungskriterien

Nachfolgende Tabelle soll für die Abfragemittel ein jeweiliges Anwendungsprofil angeben, indem sie verschiedenen Anfrage- bzw. Anwendungszielen entsprechend ihrer Eignung (abgestuft von „sehr gut geeignet" (++) bis „nicht geeignet" (--)) gegenüber gestellt werden.

Ziel \ Abfragemittel	SQL	PL/SQL	Embedded SQL	Dynamic SQL in PL/SQL / ESQL
Eignung für einfache Anfragen	++	-	--	-- / --
Eignung für komplexe Anfragen	--	+	++	++ / ++
Eignung für formatierte Ausgaben	+	--	++	-- / ++
Flexibilität[46]	o	o	+	++ / +
Handhabung[47]	++	o	--	-- / --
Geschwindigkeit	o	++	+	+ / +

Abb. 8: Entscheidungskriterien für die Wahl des Abfragemittels

5.4 Zusammenfassung und Schluß zur Anfrageentwicklung

Aus den vorhergehenden Unterkapiteln lassen sich folgende Schlüsse zur Anfrageoptimierung ziehen:

- Die tatsächlichen Auswirkungen verschiedener SQL-Formulierungen auf die Performance sollten stets im Einzelfall getestet werden.
- Der statistische Optimizer kann, verglichen mit dem regelbasierten, zwar wegen seiner Entscheidung aufgrund einer vorherigen Datenanalyse eher den tatsächlich schnellsten Zugriffspfad finden und damit oft Mängel in der Formulierung von Statements beseitigen, allerdings sollten die in die Analyse gesteckten Annahmen berücksichtigt werden. Die Ausführungspläne sollten untersucht und in Einzelfällen durch Hints beeinflußt werden.
- Ziel sollte eine „Optimizer-transparente" Entwicklung von Statements sein.
- Die Indizierung sollte bereits bei der Schemaerstellung insbesondere im Hinblick auf Joins bzgl. des Ranges einzelner Indizes überdacht werden.
- Mängel in der Schemaerstellung können bedingt durch die Nutzung prozeduraler Erweiterungen von SQL ausgeglichen werden.
- Hinsichtlich einer besseren Portabilität empfiehlt sich die Verwendung der datenbankeigenen prozeduralen Erweiterungen PL/SQL und dem darin integrierten Dynamic SQL.
- Es besteht die Möglichkeit, externe Programme mit den gespeicherten PL/SQL-Prozeduren zu verknüpfen, dadurch können die Vorteile beider Programmiersprachen verschmolzen werden.[48]

---

[46] Flexibilität bezieht sich sowohl auf verschiedene Anforderungen als auch Umgebungen (Portabilität).

[47] Handhabung steht für den Aufwand zur Erstellung der Abfrage.

6 Serverlastige Architekturtypen der DB-Anbindung an das WWW

Die verschiedenen Ansätze, Datenbanken mit dem WWW zu verknüpfen, können im wesentlichen zu serverlastigen und clientlastigen Architekturtypen zusammengefaßt werden. Bei den serverlastigen Architekturen dient der Web-Client lediglich als Eingabefenster für Suchanfragen oder zum Anzeigen der Ergebnisse als fertige HTML-Seite. Die Programmlogik zur DB-Anbindung, Konvertierung der Ergebnisdaten in ein HTML-Format und Benutzerführung befindet sich auf der Serverseite. Dagegen wird bei in Kapitel 7 vorzustellenden clientlastigen Architekturtypen versucht, die Rechenlast der Programmlogik mit auf den Client zu verteilen.

6.1 DB-Report-Generatoren

Bei der Anbindung mittels DB-Report-Generatoren handelt es sich um keine „echte" Verknüpfung von Datenbanken[49] mit dem WWW. Stattdessen ist die Datenbank mit einer entsprechenden Schnittstelle ausgestattet, die aus dem gesamten Datenbestand statische HTML-Seiten generiert und diese in die entsprechenden Verzeichnisse des Web-Servers einstellt. Recherchen finden dann nicht in der Datenbank sondern als Volltextrecherche in den HTML-Seiten statt. Um trotzdem einen stets aktuellen Datenbestand zu garantieren, kann über Programme (in ORACLE z.B. über Trigger) bei allen Datenänderungen eine Neugenerierung der entsprechenden HTML-Seiten initiiert werden. Bei stärkerer Beanspruchung von Datenbankserver und HTTP-Server oder vielen Änderungen im Datenbestand erscheint eine Aufteilung auf zwei oder drei Rechner sinnvoll. (vgl. [ASGOWE98], S. 17 f.).

Abb. 9: Architektur der DB-Report-Generatoren bei Verteilung der Rechenlast auf drei Rechner

Diese einseitige Architektur kann von Informationsanbietern verwendet werden, bei denen keine Daten in die Datenbank geschrieben werden müssen. Sie bietet sich ferner bei proprietären Datenbanksystemen an, die aus technischen Gründen nicht problemlos in die Internetumgebung integriert werden können. So werden beispielsweise vielfach CD-ROM-Datenbanken auf diese Weise ins

---

[48] Hierauf wird im Rahmen der Anbindungsmöglichkeiten der Datenbank an das WWW noch näher eingegangen.

[49] Unter Datenbank ist genau genommen das DBMS zu verstehen.

WWW gestellt. Auch das Statistische Bundesamt bietet seinen Zeitreihenservice mittels statischer HTML-Dokumente im WWW an.

Ein Vorteil dieser Architektur liegt in ihrer guten Performance. Das einfache Zurückgeben statischer HTML-Dokumente belastet die Serverseite wesentlich weniger, als dies bei dynamischer Generierung der Fall wäre. Sind die bei Volltextrecherchen zu durchsuchenden HTML-Dateien bezüglich ihrer Schlagworte indiziert, so können auch Recherche-Anfragen einigermaßen schnell abgearbeitet werden. Die gefundenen Dokumente können allerdings nicht anfragegerecht aufbereitet, sondern immer nur komplett zurückgegeben werden. Bedingte Anfragen oder Verknüpfungen können ebenfalls nicht bearbeitet werden. Die diesbezüglichen Möglichkeiten einer Datenbank bleiben also vollständig unberücksichtigt. Nicht zuletzt besteht für die erstellten HTML-Dateien ein nicht unerheblicher Speicherbedarf.

Der Einsatz von DB-Report-Generatoren eignet sich somit nur für kleinere, stark frequentierte Datenbestände, die nur angezeigt werden sollen. Bei komplexeren Anfragen sollte von den Möglichkeiten einer Datenbank Gebrauch gemacht werden.

6.2 CGI-basierte Architekturtypen

6.2.1 CGI-Executable

Bei der CGI-Executable Architektur basiert die DB-Anbindung auf einem CGI-Programm, welches als DB-Gateway auf dem HTTP-Server abläuft. Das vom HTTPd gestartete Programm liest die benötigten Parameter der CGI-Umgebungsvariablen aus und erstellt daraus ein SQL-Statement. Anschließend baut es eine Verbindung zu einer SQL-Schnittstelle der Datenbank auf (bei der ORACLE-DB z.B. SQL*PLUS), schickt das Statement ab und konvertiert den zurückerhaltenen Ergebnisstream in ein WWW-Response-Format (Header und Messagebody). Dieser wird über den Server an den Web-Client weitergeleitet, während die DB-Verbindung wieder geschlossen wird.

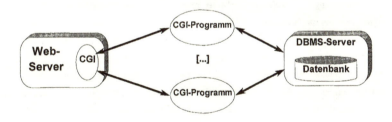

Abb. 10: CGI-Executable Architektur

59

Bei dieser Form der Anbindung wird für jede DB-Anfrage ein eigener Prozeß initialisiert. Die Verwaltung dieser Prozesse kann bei vielen zeitgleichen Anfragen schnell zu einem Verwaltungsoverhead führen. Gerät der HTTP-Server durch die Belastung der CGI-Programme an seine Kapazitätsgrenze, können darunter auch Web-Client Requests leiden, die statische HTML-Seiten anfragen (vgl. [KIM96] Kap. 2.2).

Weitere Nachteile ergeben sich u.a. aus dem zeitaufwendigen Verbindungsaufbau zur Datenbank. Zur Demonstration wurde hierzu der Versuch C-5 durchgeführt, bei dem mit Perl ein DB-Gateway mit eingebettetem SQL-Statement programmiert wurde. Bei der Ausführung wurde sowohl die benötigte Zeit des gesamten Programms, als auch die des Statements gemessen. Das Programm wurde mehrfach nacheinander gestartet, wobei sich folgende Ergebnisse ergaben:

Zeitmessungen in Sekunden	Zeit für		
	Gesamt- programm	SQL- Statement	Verbindungsauf-/ -abbau u. Rest
1. Durchgang	2,21	0,60	1,61
2. Durchgang	0,93	0,08	0,85
3. Durchgang	0,80	0,05	0,75

Abb. 11: Meßergebnisse aus Versuch C-5

Es kann zusammenfassend folgendes abgelesen werden:

1. Im ersten Durchgang benötigte das Gesamtprogramm, aber auch das SQL-Statement allein wesentlich länger Zeit, als in den nachfolgenden Versuchen.

2. Der Zeitanteil an der Gesamtlaufzeit des Programms, der nicht für die Abarbeitung des Statements benötigt wird (sondern für Verbindungsauf- und -abbau sowie einen Rest), ist wesentlich größer als die Zeit für das eigentliche Statement.

Daraus lassen sich folgende Schlüsse ziehen:

• Im ersten Durchgang sind weder der Perl-Interpreter, noch das SQL*PLUS-Programm oder die benötigten Tabellen- und Indexdaten in Hauptspeicher, Festplattencache oder Datenbankpuffer. In den Folgedurchgängen entfallen diese Lesezeiten, d.h. es kann davon ausgegangen werden, daß diese Programme bzw. Daten noch zwischengespeichert sind.

• Das Auf- und Abbauen der Datenbankverbindung ist ein sehr zeitintensiver Vorgang.

• Im vorliegenden Fall sind SQL-Statement und Perl-Programm sehr klein. Bei sehr umfangreichen Anwendungen mit einer Vielzahl komplexer SQL-Anweisungen kann aber auch das Erstellen der SQL-Miniprogramme durch das DBMS und das Interpretieren des Perl-Programmcodes bereits zu einem Zeitfaktor werden.

Bei der Entwicklung von Anwendungen auf Basis dieser CGI-Architektur sollte folgendes bedacht werden:

⇨ Große Datenbankpuffer, Hauptspeicher und Festplattencaches begünstigen die Performance.

⇨ Häufiges Auf- und Abbauen der Datenbankverbindung sollte vermieden werden, stattdessen sollte versucht werden, eine Datenbankverbindung (z.b. als Child-Prozeß) ständig aufrecht zu erhalten. Über diesen Prozeß sollten SQL-Abfragen sowie deren Ergebnisstreams ausgetauscht werden.[50]

⇨ Durch Nutzung von bereits kompilierten Programmen oder Einbindung von (ebenfalls bereits kompilierten) PL/SQL-Prozeduren kann die für das Interpretieren benötigte Zeit wesentlich verringert werden.

Entscheidende Vorteile dieser Architektur sind die flexible Einsetzbarkeit und die einfache Handhabung. Die standardisierte CGI-Schnittstelle der HTTP-Server besteht aus fest definierten Umgebungsvariablen (vgl. [KLUTE96], S. 120). Wird auf Datenbankseite auf die ebenfalls standardisierte Open-Database-Connectivity-Schnittstelle (ODBC) zugegriffen, so lassen sich sowohl HTTP-Server als auch Datenbank beliebig austauschen. Gateways dieser Art werden auch als Middleware bezeichnet.

Im Rahmen der Zeitreihen-Anwendung wurde dieser Architekturtyp nur verwendet, um die Zeitreihendaten im ASCII-Format zum Herunterladen aufzubereiten (vgl. Punkt 14 im Pflichtenheft in Kap. 3.4.1).

6.2.2 Fast-CGI-Executable

Zur Vermeidung eines prozeßbedingten Verwaltungsoverheads sowie eines zeitaufwendigen Verbindungsauf- und -abbaus zur Datenbank kann Fast-CGI verwendet werden. Bei Fast-CGI handelt es sich um eine HTTP-Servererweiterung, über die dieser mit einem ständig laufenden Programm kommunizieren kann. Dieses kann beispielsweise eine Datenbank-Verbindung aufrechterhalten und aus dem WWW kommende Anfragen damit schneller beantworten (vgl. [ASGOWE98], S. 111 f.).

Ein Nachteil der Verwendung von Fast-CGI besteht darin, daß ein Fast-CGI-Programm nicht mehrfach parallel ablaufen kann. So können zeitgleich ankommende Web-Requests nur sequentiell abgearbeitet werden. Bei umfangreichen Datenbankanfragen kann es hierbei zu größeren Performanceeinbußen durch schlichte Wartezeiten kommen. Ein Lösungsansatz dieses Problems wäre das anwendungsbedingte Aufteilen eines Fast-CGI-Programms, so daß verschiedene Arten von Datenbankanfragen bereits vom HTTP-Server an unterschiedliche Fast-CGI-Programme verteilt werden.

Folglich eignet sich Fast-CGI im wesentlichen für wenig frequentierte Datenbanken mit schnell zu bearbeitenden Anfragen.

---

[50] Perl bietet für ORACLE die spezielle Version Oraperl an, die das Handhaben von Datenbankverbindungen wesentlich erleichtern soll.

6.2.3 CGI-Application-Server

Einen weiteren Ansatz, die CGI-Executable-Architektur für große, stark frequentierte Datenbanksysteme nutzbar zu machen, bietet die CGI-Application-Server Architektur. Hier wird der DB-
Gateway in ein CGI-basiertes Dispatcher-Programm sowie die Datenbankanwendungsprogramme
aufgeteilt, wobei letztere auf gesonderten Applikations-Servern ausgelagert werden. Der Dispatcher
übernimmt die Verwaltung der verschiedenen DB-Applikationen, d.h. vom HTTPd an den Dispatcher
übergebene Web-Requests werden von diesem an die entsprechende Applikation übergeben. Die
Applikationen laufen hierbei als daemon-Prozesse, die eine ständige Verbindung zur Datenbank
aufrechterhalten. Der von der Datenbank erzeugte Ergebnisstream wird WWW-gerecht aufbereitet,
ehe er an den HTTP-Server zurückgegeben wird.

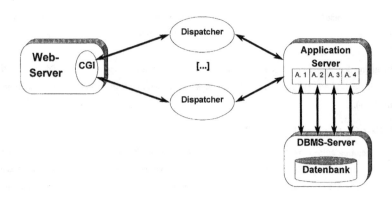

Abb. 12: CGI-Application-Server Architektur

Der Aufgabenumfang des Dispatchers kann variieren, sollte aber möglichst gering gehalten werden,
um den HTTP-Server nicht unnötig zu belasten. Bei mehreren Applikationsservern kann eine
sinnvolle Zusatzaufgabe darin bestehen, zwischen diesen einen Lastenausgleich zu schaffen. Damit
eignet sich diese Architektur besonders für große und stark frequentierte Datenbanken, bei denen der
HTTP- und der Datenbank-Server auf verschiedenen Rechnern laufen. Durch die Aufsplittung in die
ressourcenschonenden Dispatcher und die eine ständige Verbindung zur Datenbank
aufrechterhaltenden Applikationen können die wesentlichen Nachteile der CGI-Executable
Architekturen ausgeglichen werden. Zu Engpässen kann es lediglich dann kommen, wenn der HTTPd
mit vielen laufenden DB-Applikationen gleichzeitig kommunizieren muß (Kommunikations-
Overhead) (vgl. [KIM96] Kap. 2.3).

6.3 Servererweiternde Architekturtypen

6.3.1 HTTP-Server-API

Die Bearbeitung eines Response nach dem HTTP läßt sich in folgende sequentiell abzuarbeitende Schritte untergliedern:

1. Vergabe von Zugriffsrechten als bestimmter Benutzer des Servers.
2. Übersetzen der URL in einen systemabhängigen Pfad.
3. Überprüfen des Pfads mit Kontrolle der Zugriffsrechte.
4. Bestimmen des MIME-Typs der angeforderten Datei.
5. Service. Hier wird eine interne Server-Funktion selektiert, um den Client seine Antwort zurückzusenden.
6. Mitprotokollieren des Client-Zugriffs.
7. Fehlerkontrolle zum Abfangen einer Fehlermeldung.

Eine unter den Punkt Service fallende Funktion kann dabei ein angefordertes Dokument zurückgeben oder ein CGI-Programm parametrisieren und starten. Es können aber auch weitere Funktionen in Form von Bibliotheken (*.dll-Dateien) erstellt und dem Server über Konfigurations- bzw. Initialisierungsdateien bekannt gemacht werden. Dieses ist der Ansatzpunkt für das API (vgl. [NETSCAPE98]).

Eine solche Funktion kann beispielsweise auch eine DB-Verbindung aufbauen, ein DB-Statement ausführen und den Ergebnisstream für den Web-Client aufbereiten. Der DB-Gateway ist damit dynamisch in den Web-Server-Prozeß eingebunden, es entfallen also die bei den CGI-Architekturen beschriebenen Performanceprobleme aufgrund Prozeß-Verwaltungs- und -Kommunikationsoverhead. Die Bearbeitung von WWW-Requests kann wesentlich beschleunigt werden.

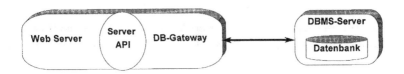

Abb. 13: HTTP-Server-API Architektur

Das dynamische Einbinden des DB-Gateways in den Web-Server-Prozeß bedeutet aber auch, daß beide Programme im selben Speicheradreßraum des Servers ablaufen. Sie müssen also synchronisiert als Threads erstellt werden, ebenso müssen alle hinzugezogenen Datenbanktreiber threadsafe sein. Programmierfehler können hierbei zum Absturz des HTTP-Servers führen.

Ein weiterer Nachteil dieser Architektur besteht in der geringen Portabilität. HTTP-Server-APIs sind nicht standardisiert, d.h. bei einem Wechsel des verwendeten Web-Servers müssen die DB-anbindenden Funktionen i.d.R. neu codiert werden. Zur Vermeidung dieses Problems sind einige HTTP-Server bereits um DB-anbindende Funktionen auf Basis der ODBC-Schnittstelle erweitert. (vgl.[KIM96], Kap. 2.4; [ASGOWE98], S. 111 ff.).

6.3.2 HTTP-Server mit ODBC-Schnittstelle

ODBC ist eine in nahezu allen Datenbanken implementierte standardisierte Schnittstelle, die SQL92[51] unterstützt. WWW-Requests, die auf die Datenbank zugreifen wollen, müssen demnach zunächst in ein entsprechendes SQL-Statement konvertiert werden. Diese Funktion kann von in den HTTPd eingebundenen Funktionen (in Bibliotheken) oder von speziellen Programmen wahrgenommen werden. Der von der Datenbank zurückgegebene Ergebnisstream wird in ein HTML-Template geleitet (vgl. [ASGOWE98], S. 115 ff.). Templates sind Schablonendateien, die neben statischen HTML-Tags Kontrollstrukturen und Platzhalter für die einzulesenden Ergebnisdaten enthalten (vgl. Übersicht B-6 sowie [ASGOWE98], S. 264 - 269). Das Abfrageergebnis kann auf diese Weise WWW-gerecht aufbereitet werden, ehe es vom HTTP-Server an den Client geleitet wird.

Neben einer guten Performance bietet die Austauschbarkeit des zugrunde liegenden Datenbanksystems einen wesentlichen Vorteil. Darüber hinaus kann bei dieser Architektur die Erstellung von DB-anbindenden Funktionen vermieden werden, wenn ein HTTP-Server mit integrierter ODBC-Schnittstelle verwendet wird. Die im vorhergenden Unterkapitel beschriebenen Probleme der Server-API-Programmierung können umgangen werden.

Ein Nachteil in der Verwendung von ODBC liegt - insbesondere bei der Anbindung großer Datenbanksysteme - darin, daß lediglich der ODBC-SQL-Standard für Abfragen genutzt werden kann. ORACLE bietet aber mächtige darüber hinausgehende Befehle. So können über ODBC beispielsweise keine PL/SQL-Prozeduren gestartet werden, wobei diese die Abfrageperformance wesentlich steigern können (vgl. Kap. 5.2).

Dieser Architekturtyp eignet sich daher besonders bei der Verwendung kleiner Datenbanken (Desktopsysteme, wie z.B. MS Access), oder der von ODBC auch unterstützten einfachen Textdateisysteme (vgl. [ASGOWE98], S. 118). Da bei solchen Datenquellen teilweise kein Transaktionskonzept unterstützt wird, können die Anfragen nur sequentiell abgearbeitet werden. Stark frequentierte Informationssysteme sollten demnach auf andere Architekturtypen ausweichen.

6.3.3 HTTP-Server mit Cartridges-Interface

Im Rahmen der zunehmenden Verteilung von Anwendungen auf verschiedene Netzwerkrechner mit heterogenen Umgebungen definiert die Object Management Group (OMG) mit der Common Object

---

[51] SQL92 umfaßt einen 1992 von ANSI festgelegten Mindest-Befehlssatz von SQL (vgl. [SAUER94], S. 73 ff.). Führende DB-Hersteller wie z.B. ORACLE oder INFORMIX bieten darüber hinaus meist zusätzliche SQL-Statements an.

Request Broker Architecture (CORBA) einen Standard, über den die verschiedenen Umgebungen aneinander angepaßt werden können. Demnach können verschiedene Objekte (Komponenten) über den Object Request Broker (ORB) interagieren, sofern sie über die CORBA-gemäßen Schnittstellen verfügen. Die einheitliche Gestaltung dieser Schnittstellen erfolgt durch die Verwendung der Interface Definition Language (IDL) (vgl. [ASGOWE98], S. 130). Diese kann unabhängig von dem zugrunde liegenden Betriebssystem oder der zur Erstellung der Komponente verwendeten Programmiersprache angewendet werden. Entsprechen Komponenten dem CORBA-Standard, so werden sie als Cartridges bezeichnet (vgl. [ASGOWE98], S. 238).

Um diese Technologie für die Datenbankanbindung ans WWW nutzbar zu machen, müssen sowohl DBMS als auch HTTP-Server um Object Request Broker ergänzt werden. Werden nun Cartridges als Gateway entwickelt, so sind diese hochgradig flexibel einsetzbar, da der HTTP-Server beliebig gegen andere diesen Standard unterstützende Server austauschbar ist. Dennoch können sie direkt in den HTTPd eingebunden werden und damit WWW-Requests quasi parallel abarbeiten.

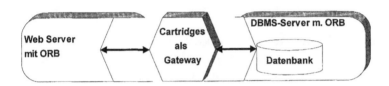

Abb. 14: HTTP-Server mit Komponentenschnittstelle

Dieser offene Standard eignet sich neben allgemeinen Internet-Anwendungen besonders auch für heterogene Intranetstrukturen, die den CORBA-Standard unterstützen. Da Cartridges beliebig oft in verteilten Systemen gespeichert sein können, kann bei Belastungsspitzen durch Einsatz von entsprechenden Dispatcherprogrammen ein Lastenausgleich geschaffen werden (vgl. Kap. 6.2.3.). Dieser Architekturtyp ist damit prädestiniert für stark frequentierte, verteilte Systeme.

6.3.4 Der ORACLE Web Application Server

Ein Beispiel für einen HTTP-Server mit Cartridges-Interface bietet ORACLE mit seinem Web Application Server 3.0 (WAS). Dieser besteht im wesentlichen aus HTTP-Listener mit Dispatcher, ORB-basierendem Web Request Broker (WRB) und den Cartridges (vgl. [ASGOWE98], S. 240 - 243).

Der Web Listener (entspricht dem HTTPd) bearbeitet alle aus dem Internet (Intranet) ankommenden Requests, d.h. er gibt statische HTML-Dokumente zurück oder startet CGI-Programme. Bezieht sich eine Request auf eine Cartridge, so führt der Dispatcher diesen Service aus. Dazu muß der Web-

Client zunächst authentifiziert werden, ehe mit Hilfe des Web Request Brokers eine Instanz der benötigten Cardridge instantiiert wird. Hat die Cartridge den Request bearbeitet, sendet sie das Ergebnis an den Web-Client zurück.

Der Web Request Broker verwaltet alle Cartridges (die Cartridge Factory) sowie alle ihm zur Verfügung stehenden Netzressourcen. Damit sorgt er auch für einen Lastenausgleich bei Anfragespitzen bzgl. der Cartridges (Load Balancing). Weitere Aufgaben umfassen die Authentifizierung, das Logging oder der Transaction Service. Letzterer unterstützt das Transaktionskonzept der Datenbank bezogen auf einen Web-Client über mehrere Requests hinweg. Die Zustandslosigkeit des HTTP wird hierbei umgangen, indem dem Client eine Connect-ID zugeordnet wird. Eine durch eine Cartridge für diese Connect-ID aufgebaute Datenbankverbindung wird nun über mehrere Requests aufrechterhalten, bis die Transaktionen durch den Client über ein COMMIT bestätigt oder ein ROLLBACK rückgängig gemacht werden oder die Verbindung durch ein Timeout gekillt wird. Die einer Transaktion zugeordneten Requests sind damit von den URLs abhängig, die Cartridges müssen entsprechend konfiguriert sein. Ein Beispiel für die Verwendung dieses Transaktionskonzeptes bieten Data Warehouse Systeme, in denen ein Client über mehrere Web-Seiten hinweg seinen Warenkorb füllt und am Ende die Bestellung aufgibt.

Von den zur Verfügung stehenden Cartridges ist hier die PL/SQL-Cartridge von Interesse, da über diese komplexe Datenbankanfragen abgewickelt und zu HTML-Dokumenten aufbereitet werden können (vgl. [ASGOWE98], S. 243 ff.). Sie enthält Angaben über die zu nutzende Datenbank mit User und Paßwort, womit zunächst die DB-Verbindung aufgebaut werden kann. Anschließend wird aus der URL der Prozedurname mit den Parametern extrahiert und die PL/SQL-Prozedur entsprechend gestartet. Um einen WWW-gerechten Output produzieren zu können, stellt ORACLE die Pakete HTP, HTF und OWA_UTIL zur Verfügung (vgl. ([ORACLE96], Kap. 5 u. 6). Diese Pakete bereiten die Ergebnisdaten HTML-gerecht auf. Dazu können mittels HTP-Funktionen einzelne Ergebnisdatenfelder mit HTML-Tags versehen werden (aus htp.dListDef(bereich) wird z.B. <DD>Wahlen, wenn in der Variablen bereich „Wahlen" steht). Die HTF-Funktionen ermöglichen eine einfachere Schachtelung von Tags (Forstsetzung des Beispiels: htp.dListDef(htf.bold(bereich)) wird zu <DD><B>Wahlen</B>). Prozeduren des OWA_UTIL-Pakets können z.B. das Abfragen und Erstellen ganzer Tabellen übernehmen. Ein ausführliches Beispiel hierzu befindet sich in Übersicht B-7.

Der Ergebnisstream wird bis zur vollständigen Abarbeitung aller aufgerufenen Prozeduren (inclusive gezündeter Trigger!) gepuffert, um dann von der Cartridge mit Header versehen direkt an den Client gesendet zu werden. Handelt es sich um keine dem oben beschriebenen Transaktionskonzept folgenden Requests, so wird die DB-Verbindung wieder geschlossen.

Der Zeitreihenanwendung liegt der ORACLE Web-Server 1.0 zugrunde. Im Gegensatz zur Version 3.0 unterstützt dieser nicht die CORBA-Architektur. Den oben beschriebenen PL/SQL-Cartridges entspricht der ORACLE Web Agent, der in den Web Listener eingebunden ist. Die Parameter der durch den Web Agent aufzurufenden PL/SQL-Prozedur werden per CGI übergeben. Darüber hinaus ist das Transaktionskonzept noch nicht implementiert (vgl. [ORACLE96], Kap. 1 u. 3).

Für die Nutzung dieser Architektur sprechen folgende Gründe:

- Die Verwendung von PL/SQL läßt eine Steigerung der Abfrageperformance zu (vgl. Kap. 5.2).
- Zusammen mit dem ORACLE Web Agent kann über die PL/SQL-Pakete HTP, HTF und OWA_UTIL sehr einfach HTML-Output erzeugt werden.
- Die PL/SQL-Prozeduren können auch für andere Anwendungen wiederverwendet werden, die den HTML-Output erzeugenden Codezeilen werden dann ignoriert.
- Es ist nur ein Verbindungsaufbau zur Datenbank nötig. Der ORACLE Web Agent ist direkt in die Bearbeitung des Response-Prozesses durch den HTTPd eingebunden und damit sehr performant (vgl. Punkt Service bei der HTTP-Server-API, Kap. 6.3.1).
- Diese Architektur ist vollkommen unabhängig von der Betriebssystemumgebung und damit leicht portabel.

6.4 DBMS-Erweiternder Architekturtyp

In Kapitel 6.3 wurden HTTP-Server um DBMS-Funktionalitäten erweitert. Ebenso kann ein DBMS um eine HTTPd-Funktionalität ergänzt werden. Aus dem WWW kommende Requests werden von diesem dann direkt in Datenbankanfragen konvertiert (vgl. [KIM96], Kap. 2.5). Das WWW-gerechte Aufbereiten des Anfrageergebnis geschieht nach Art der Report-Generatoren (vgl. Kap. 6.1). Damit können in diesem System nur dynamisch erstellte WWW-Seiten zurückgegeben werden.

Abb. 15: Proprietary-Server Architektur

Damit ergibt sich als Vorteil solcher proprietären DB-Web-Server ein Performancegewinn durch Nutzungsmöglichkeit aller Datenbankoptionen. Darüber hinaus muß keine gesonderte DB-Verbindung aufgebaut werden. Solche „One-In-All"-Lösungen werden üblicherweise von den DB-Herstellern angeboten, sie sind daher einfach zu implementieren (vgl. [ASGOWE98], S. 21). Dem steht als Nachteil gegenüber, daß eine einfache HTTPd-Funktion natürlich keinen kompletten HTTP-Server ersetzen kann, diese bieten wesentlich mehr Möglichkeiten.

6.5 Zusammenfassung und Übersicht

Die meisten serverseitigen Architekturtypen haben den Nachteil gemeinsam, daß bei vielen zeitgleich zu bearbeitenden Requests die Performance schnell an die lokalen Ressourcengrenzen stoßen kann. Grund hierfür sind neben den DB-Anfragen die aufzubauenden DB-Verbindungen sowie durch Kommunikation mit diesen Prozessen entstehenden Engpässe. Dennoch bietet sich die Verwendung dieser Architekturtypen vielfach an. Sie sind oft leicht zu implementieren und können damit einfach mit lokal vorhandenen Datenbanken verknüpft werden. Bei größeren Systemen kann versucht werden, durch verteilen des Systems auf mehrere Netzwerkrechner einen Lastenausgleich zu schaffen.

Nachfolgende Übersicht stellt die Stärken und Schwächen der vorgestellten Architekturtypen zusammen:

Eigenschaft -> / Architekturtyp	zu erwartende Anfragen			Komplexität der Anfragen			System-ressourcen			Komplexität der Datenbank			Komplexität der Implementierung		
	einige	viele	sehr viele	einfache Statements	komplexe Statements	Verknüpfung mehrerer komplexer Statements	Windows-PC	UNIX-Host	Netzwerk	Dateisysteme oder einfache Desktopsysteme	Leistungsstarke Desktopsysteme	mächtige Datenbanksysteme	einfach	aufwendig	sehr aufwendig
Report-Generatoren	++	++	++	++	--	--	++	++	++	++	-	-	x		
CGI-Executable	+	o	-	+	-	-	o	+	+	++	++	+	x		
Fast-CGI-Executable	++	-	-	+	+	+	-	o	+	++	++	++	x		
CGI-Application Server	+	++	++	+	++	++	--	--	++	+	++	++		x	
HTTP-Server-API	++	++	++	++	++	+	+	++	+	+	+	+			x
HTTP-Server mit ODBC	+	+	+	++	-	-	++	+	+	++	o	-	x		
HTTP-Server mit Cardridge-Interface	++	++	++	++	++	++	o	+	++	+	++	++		x	
DBMS mit HTTPd	+	-	-	++	++	++	+	++	+	--/o [1]	+	+	x		

[1] Dateisysteme besitzen keine DBMS, sie sind daher nicht für diese Architektur geeignet

Erläuterung:
Die Architektur ist hierfür ...
... sehr gut geeignet   ++
... gut geeignet   +
... bedingt geeignet   o
... kaum geeignet   -
... nicht geeignet   --

Abb. 16: Auswahlkriterien für die serverlastigen Architekturtypen

7 Clientlastige Architekturtypen der DB-Anbindung an das WWW

Bei den zuvor vorgestellten Architekturtypen werden die Client-Rechner nur für die Anzeige der Ergebnisse genutzt. Das Aufbereiten der Daten findet vollständig auf Serverseite statt, während auf Clientseite vorhandene (oftmals hohe) Rechnerleistungen brachliegen. Darüber hinaus können z.b. Fehler bei der Abfrageerstellung durch den Client erst bei der Bearbeitung des Requests festgestellt werden. In solchen Fällen wird das Netz mehrfach unnötig belastet, und darüber hinaus muß der Client oft die Anfrage komplett neu erstellen, da seine bereits eingegebenen Formulardaten vom Server nicht wieder mitgegeben werden.

Diese Probleme motivieren dazu, einen Teil der Programmlogik auf den Client auszulagern. Damit könnten sowohl die Probleme überlasteter Server entschärft werden, als auch unnötige Wartezeiten durch geringere Netzbelastung vermieden werden. Auch hier haben sich verschiedene Architekturtypen herauskristallisiert, die nachfolgend beschrieben und diskutiert werden.

7.1 External-Viewer

Außer dem WWW arbeiten sehr viele andere Client-Server-basierte Anwendungen über TCP/IP, so auch Datenbanksysteme. Bei diesen ist auf Client-Seite eine entsprechende Anwendung als (meist grafisches) Frontend installiert, welches über das Netzwerk eine Verbindung zum DB-Server aufbauen kann. Der Verbindungsaufbau beinhaltet die Initialisierung eines Prozesses auf Clientseite der mit einem auf Serverseite dediziert laufenden Prozess auf TCP/IP-Basis kommuniziert. Damit entfallen die bisher aufgeführten Performanceverluste durch ständig neues Aufbauen von DB-Verbindungen und die gesamten datenbankspezifischen Ansätze zur Abfrageoptimierung können genutzt werden (vgl. [VOSSEN94], S. 571 f.) Ein Beispiel hierfür bieten unter ORACLE die Forms-Applikationen.

Um diese Technik im WWW anzuwenden, macht man es sich zu Nutze, daß WWW-Browser über die Plug-In-Technik beliebig erweiterbar sind. Lokale Anwendungen, wie hier das DB-Frontend, können so in den Browser eingebunden werden. Anhand des Dateiformats im Header des Server-Responses erkennt der Browser, welche Anwendung zur Darstellung des Ergebnisses zu starten ist. Wird hier beispielsweise das DB-Frondend gestartet, so baut dieses anschließend nach dem oben beschriebenen Prinzip eine eigenständige Verbindung zur Datenbank auf. Der Browser wird hier quasi nur zum Starten der Anwendung genutzt. Es handelt sich damit um eine Integration der Desktop-Umgebung über den Browser in die Internet-Umgebung (vgl. [KIM96] Kap. 2.6).

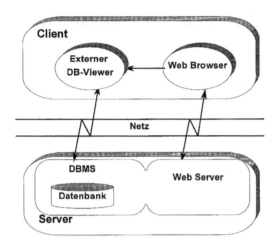

Abb. 17: External-Viewer Architektur

Diese Architektur ist somit nur anwendbar, wenn eine DB-Anwendung bereits beim Client installiert ist. Damit verliert die Architektur an Flexibilität, insbesondere, da die Implementierung solcher Anwendungen abhängig vom Betriebssystem des Clients geschehen muß. Durch Nutzung der WWW-Technologie sollte aber gerade eine Unabhängigkeit in heterogenen Umgebungen geschaffen werden. Falls aber Clientsoftware bereits fertig entwickelt vorliegt, kann diese hier vollständig wiederverwendet werden.

7.2 Browser-Extension Architekturtypen

Als Auszeichnungssprache kann HTML nur das Aussehen eines WWW-Dokuments bestimmen, es kann aber keine Programmlogik kodieren. Allerdings läßt es der HTML-Standard zu, bestimmte Skriptsprachen einzubetten. Neben dem von Netscape entwickelten und weit verbreiteten JavaSkript können beispielsweise Tcl/Tk-Skripte verwendet werden. Die entsprechenden Interpreter vorausgesetzt können die Skripten auf Client-Seite innerhalb des Web-Browsers ablaufen. Skripten dieser Art können dann datenbankanbindende Funktionen (Methoden) enthalten (vgl. [KIM96] Kap. 2.7).

Vorstellbar ist z.B. ein Skript, daß die Felder eines Formulars ausliest, um daraus entsprechende SQL-Statements zu erstellen. Angenommen, der HTTP-Server enthält eine ODBC-Schnittstelle, so kann das Skript das Statement über diese an die Datenbank senden. Ein anderer Ansatz wäre der, daß das Skript direkt die Datenbankverbindung aufbaut. Dabei ist allerdings zu bedenken, das der entsprechende Code innerhalb des HTML-Dokuments frei lesbar ist, d.h. Datenbankstrukturen und möglicherweise sogar Paßwörter wären öffentlich zugänglich. In beiden Fällen müsste die Serverseite aber für einen HTML-gerechten Output sorgen.

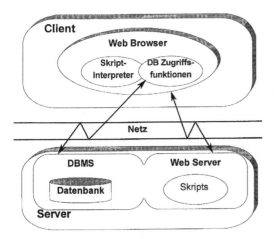

Abb. 18: Browser-Extension Architektur

Durch diese Mischung der server- und clientlastigen Architekturtypen könnte ein optimaler Lastenausgleich geschaffen werden. Gegenüber der External-Viewer Architektur erweist sich als Vorteil, daß keine Software auf Clientseite installiert sein muß. Darüber hinaus können Eingabefehler durch den Anwender mittels des Skripts bereits clientseitig erkannt werden, was eine überflüssige Netzbelastung durch fehlgeschlagene Requests vermeidet.

Zu beachten sind hierbei nur die o.a. möglichen Sicherheitslücken, die aber durch serverseitigen DB-Verbindungsaufbau umgangen werden können. Bei komplexeren Abfragebedingungen oder weiterer Verarbeitung von Ergebnisdaten stößt diese Architektur aber schnell an die Grenzen der Skriptsprachen.

7.3 Java Architekturtypen

7.3.1 JDBC

Unter der Voraussetzung, daß der verwendete Web-Browser den benötigten Java-Interpreter unterstützt, können in die HTML-Dokumente eingebundene Java-Applets gestartet werden. Ab der Version 1.1 enthält Java mit dem JDBC eine SQL-basierte API. Hierbei handelt es sich um Klassen, die datenbankanbindende Methoden bereitstellen. Eine Datenbankanbindung läuft dabei in folgenden Schritten ab (vgl. [REESE97], S. 41 ff.):

1. Der Java-Anwendung wird die URL der Datenbank sowie die für den Verbindungsaufbau benötigte Treiberklasse bekannt gegeben.

2. Entweder ist dieser DB-Treiber in der Klasse DriverManager vorhanden, sonst wird sie von der angegebenen URL in den DriverManager geladen.

3. Mit Hilfe des DriverManagers baut die Klasse Connection eine Verbindung zur Datenbank auf, die fortan besteht, bis sie explizit wieder geschlossen wird.

4. Der Klasse Connection können SQL-Statements übergeben werden (Klasse Statement) und Ergebniszeilen entnommen werden (Klasse ResultSet).

Die Art der verwendeten Treiberklasse bestimmt die für den Verbindungsaufbau zugrunde liegende Architektur. Allgemein werden die Treiber wie folgt kategorisiert (vgl. [JAVASOFT98a]):

Typ 1: Eine JDBC-ODBC-Bridge ermöglicht den DB-Zugriff über ODBC. Hierfür muß entsprechende Software auf dem Client-Rechner installiert sein.

Typ 2: Mit nativen Java-Treiberklassen wird über datenbankspezifische APIs auf Clientseite auf die Datenbank zugegriffen. Auch hier muß der Client-Rechner über die entsprechende Software verfügen.

Typ 3: Reine Java-Treiberklassen greifen über ein Netzprotokoll auf eine serverseitig installierte Middleware zu. Diese setzt die Anfrage in ein DB-abhängiges Protokoll um.

Typ 4: Reine Javaklassen greifen direkt auf Basis des DB-abhängigen Protokolls auf die DB zu.

Im wesentlichen lassen sich die Kategorien in zwei Architekturarten unterscheiden:

1. Auf Clientseite wird vorinstallierte Software benötigt wird (Typ 1 und 2). Diese Architekturen verwenden die in Kap. 7.1 vorgestellte Technik zum DB-Verbindungsaufbau.

2. Von der Clientumgebung vollkommen unabhängig laufende Javalösungen (Typ 3 und 4). Diese Architekturen sind mit der Browser-Extension (Kap. 7.2) Architektur vergleichbar. Dabei bietet Typ 3 den Vorteil, die zugrunde liegende Datenbank leichter auszuwechseln, wohingegen Typ 4 aufgrund der direkten Datenbankverbindung sicherlich eine bessere Performance aufweist.

Optimierungsansätze von JDBC-Zugriffen

Ein Performancenachteil aus der oben beschriebenen Bearbeitung von SQL-Statements ergibt sich daraus, daß jedes an die DB geschickte Statement dort geparst und zu einem Miniprogramm erstellt werden muß. Muß ein Statement beispielsweise innerhalb einer Schleife mit lediglich sich ändernden Werten ständig wiederholt werden, muß es ständig neu über das Netz versandt werden und neu zu einem Ausführunsplan verarbeitet werden. Hohe Netzbelastung und längere Antwortzeiten sind die Folge. Zur Vermeidung dieser Probleme bietet die Klasse PreparedStatement die Möglichkeit, ein Statement einmal an die DB zu versenden und zum Ausführungsplan verarbeiten zu lassen, um anschließend nur noch die sich ändernden Variablenwerte an die Datenbank zu schicken. Dabei kann der Ausführungsplan wiederverwendet werden (vgl. [REESE97], S. 60 f.).

JDBC-Klassen unterstützen mit der Klasse CallableStatement auch den Aufruf von Stored Procedures (vgl. [REESE97], S. 61 f.). Damit entfällt der gesamte Interpretationsvorgang von SQL-Anweisungen, und auch das Netz wird entlastet, da nur noch Parameter übergeben werden müssen.

Die gesamte Bandbreite der Optimierung von DB-Anfragen steht zur Verfügung. Durch sinnvolle Aufteilung der Programmlogik auf Client- und Serverseite können Server und Netz entlastet werden. In der Zeitreihenanwendung kann hierbei beispielsweise die Aufbereitung der Daten zu Grafiken auf Clientseite geschehen. Dadurch müssten keine umfangreichen Grafikdateien mehr über das Netz versandt werden, sondern nur noch die Zahlenreihen, die zur Berechnung der Grafik benötigt werden. Nicht zuletzt besteht in Java auch die Möglichkeit, SQL-Statements innerhalb einen Applets frei einzugeben (wie z.b. in Kommandozeileninterpretern) und diese an die Datenbank zu versenden. Mit Hilfe der Klasse ResultSetMetaData kann dabei das Format der zurückzuerhaltenen Ergebniszeilen ermittelt werden (Anzahl Spalten mit Datentypen), um entsprechende Ergebnisvektoren zur Verfügung zu stellen (vgl. [REESE97], S. 65 ff.).

ORACLE Web Forms

Als einfaches Client-Server-Konzept bietet ORACLE mit Forms eine Clientseitig zu installierende grafische Benutzeroberfläche, die nach dem in Kap. 7.1 beschriebenen Prinzip der External Viewer arbeitet. Die dahinterstehende Programmlogik wird in PL/SQL erstellt.

Dieses Tool wurde von ORACLE für das WWW zur Java-Anwendung weiterentwickelt, d.h. die Benutzeroberfläche kann in identischer Form durch Java-Klassen dargestellt werden. Eine vollständige Wiederverwendung des erstellten PL/SQL-Codes wird so gewährleistet (vgl. [ASGOWE98], S. 233 ff.).

7.3.2 JSQL

Ähnlich wie z.B. ESQL/C bietet JSQL die Möglichkeit, SQL-Statements in den Javaquellcode einzubetten. Durch einen Precompiler, den Translator, werden diese Statements ebenfalls bereits kompiliert. Oracle, IBM, Sysbase und Tandem erarbeiten zur Zeit eine gemeinsame Spezifikation, dessen Ergebnis in den jeweils nächsten Releases implementiert sein soll. Bei ORACLE soll beispielsweise ein gemeinsamer Adress- und Namensraum von PL/SQL-Prozeduren und JSQL-Klassen geschaffen werden, beide sind dann als Datenbankobjekte gespeichert und können miteinander verschmolzen werden (vgl. [ORACLE97] u. [ASGOWE98], S.236 ff.).

JSQL-Programme könnten durch die frühzeitige Kompilierung der SQL-Anweisungen schneller abgearbeitet werden, als andere JDBC-Programme. Auch würden Fehler bereits zur Kompilierzeit aufgedeckt, vorausgesetzt, das DB-Schema wird bis zur Laufzeit nicht mehr geändert. Nicht zuletzt trägt die SQL-Kompilierung zur Verkleinerung der zu übertragenden Java-Klassen bei, die Belastung des Netzes könnte verringert werden. Dem steht als Nachteil eine meist enge Bindung an ein Datenbanksystem gegenüber.

7.4 Zusammenfassung

Die clientlastig organisierten Architekturen tragen wesentlich zur Entlastung von Server und Netz bei. Dieser Vorteil wird aber in den in Kap. 7.1 vorgestellten External Viewer Architektur sowie bei den

Typ 1- und Typ 2-basierten JDBC-Architekturen durch Einbußen in der Flexibilität erkauft, da beim Client Software installiert sein muß. Ziel sollte daher eher die in Kap. 7.2 beschriebene Skript-basierte oder eine der „reinen" Java-Architekturen sein. Letztere bieten insbesondere den Vorteil, eine umfassende Weiterverarbeitung der Daten auf Clientseite zu ermöglichen. Dabei sind jedoch folgende Problempunkte zu bedenken:

- JDBC ist im Java Developer Kit (JDK) 1.1 enthalten, welches sich von der Vorgängerversion (1.0) sehr wesentlich unterscheidet (vgl. [FLANAGAN97], S. 91 ff.). Java 1.1 kann bisher nur vom Netscape Navigator 4.03 (oder höher) mit entsprechendem Patch oder vom HotJava 1.1-Browser verarbeitet werden.

- Zwar bietet Java 1.1 die Möglichkeit, die erstellten Programmklassen in Archiven gepackt über das Netz zu verschicken, dennoch muß bei größeren Programmen die zusätzliche Netzbelastung berücksichtigt werden.

- Bei Java handelt es sich um eine interpretierte Programmiersprache, d.h. sie arbeitet Programme um ein vielfaches langsamer ab, als kompilierte Programme.

Darüber hinaus wird stets eine entsprechende Treiberklasse für die Datenbank benötigt, wobei Treiberklassen des Typs 3 oder 4 zu bevorzugen sind. Allerdings unterstützen nicht alle Datenbank-hersteller diese Typen. Insbesondere für ältere Releases der DBMS können oft nur Klassen entsprechend Typ 1 oder 2 gefunden werden, so z.B. auch für den hier vorliegenden ORACLE 7.1 Server. Erst ab der Version 7.2 unterstützt ORACLE auch die anderen Typen. Unter ([JAVASOFT98]) sind u.a. entsprechende Links zu Anbietern solcher Treiberklassen zu finden.

8 Vorstellung der Anwendung und Zusammenfassung

Die im Rahmen dieser Arbeit entwickelte Zeitreihenanwendung befindet sich zur Zeit im Testbetrieb unter http://www.statistik.wiso.uni-erlangen.de/ows-bin/owa/Zeitreihen, und ist während der Testphase ist ohne Paßwort zugänglich. Die wesentlichen Muß-Funktionen aus dem Pflichtenheft sind erfüllt, und auch das Aussehen der ausgegebenen HTML-Dokumente entspricht im wesentlichen den Abb. A-36 bis A-43. Alle Seiten werden dynamisch aus der ORACLE-Datenbank mittels PL/SQL-Prozeduren und unter Verwendung des ORACLE Web Agent generiert. Nur zum Herunterladen einer Zeitreihe wird ein Perl-CGI-Skript verwendet. Von Javaskript oder Java wurde zunächst kein Gebrauch gemacht.

Zusätzlich zu den Pflichtanforderungen wurde, wie bereits in Kap. 4.2.3 beschrieben, die semantische Unterstützung bei der Schlagwortsuche durch einen Thesaurus auf eine dreistufige Metasuchhilfe ausgedehnt. Darüber hinaus enthält die Trefferanalyse eine Aufzählung der gefundenen Suchwörter mit Angabe der Trefferanzahlen. Gleiches wird auch bei Suche unter Einschränkung auf bestimmte Segmentattribute (Periodizität usw.) oder bestimmte Bereiche bzw. Segmentbunde aufgeführt. Daraus ergibt sich als noch zu implementierende Folgeanforderung die Möglichkeit, von der Anzeige der Trefferanalyse die Suche weiter einzuschränken und fortzusetzen (Punkt 17, Kannkriterium im Pflichtenheft).

Weiterentwicklungsansatz ist z.B. die grafische Aufbereitung der Zeitreihendaten. Dies kann entweder auf Serverseite über ein bereits existierendes Tool, oder auf Clientseite durch Erstellen eines Java-Applets geschehen. Für letzteren Lösungsansatz bietet die Zeitreihenapplikation an der (oben beschriebenen) Stelle, an der die Zeitreihe über ein CGI-Perl-Skript heruntergeladen werden können, eine optimale Schnittstelle zur Weiterentwicklung. So ist z.B. denkbar, die Zeitreihen über ein Javaprogramm herunterzuladen, um sie dann auf der Serverseite statistisch auszuwerten. Damit könnten die unter Punkt 17 und 18 im Pflichtenheft beschriebenen Kannkriterien sowie teilweise die in Kap. 3.4.2 aufgeführten zukünftigen Anforderungen implementiert werden. Die dort geforderte Schnittstelle zur Weiterentwicklung wurde definiert.

Beim dynamischen Generieren der HTML-Dokumente über die PL/SQL-Prozeduren können zusätzlich zu den in den HTP, HTF und OWA_UTIL-Paketen enthaltenen auch eigene Funktionen erstellt werden, die weitere HTML-Tags produzieren. Solche könnten z.B. auch Javaskript-Programmcode in das Dokument einbinden, um damit clientseitig Fehler bei der Abfrageerstellung herauszufiltern oder kontextsensitive Hilfe anzubieten.

Nicht zuletzt sollte noch eine Möglichkeit implementiert werden, über die mehrere eingegebene Suchbegriffe auf verschiedene Weise (UND und NICHT, bisher ist nur eine ODER-Verknüpfung implementiert) verknüpft werden können (vgl. Punkt 16, Kannkriterium im Pflichtenheft).

Wie im 1. Kapitel beschrieben, ist die Performanceoptimierung bei Datenbankapplikationen im WWW von entscheidender Bedeutung für deren Akzeptanz. Im Rahmen dieser Diplomarbeit wurde eine solche Anwendung erstellt und die wesentlichen Ansätze zur Optimierung beschrieben. Bereits am Umfang der einzelnen Kapitel läßt sich deren Bedeutung, d.h. der Hebel zur Performanceverbesserung der angesprochenen Ansätze ablesen. So kann beim Erstellen des Schemas der größte Einfluß auf die spätere Performance genommen werden.

Es zeigte sich, daß die Daten sehr anwendungsnah gespeichert werden müssen (Kap. 4.2.3). Daraus folgt, daß bereits bei der Schemaerstellung sehr genau feststehen muß, wie die Oberfläche aussehen soll und welcher Abfragemittel, und damit auch welcher Anbindungsarchitektur für das WWW man sich bedient. Beispiele hierfür sind einerseits die Verwendung von PL/SQL-Prozeduren, wofür Tabellen zur Zwischenspeicherung angelegt werden müssen. Andererseits sollte bei Verwendung der Fast-CGI Architektur zur Verbesserung der Performance die Gesamtanwendung in Teilanwendungen aufgesplittet werden, was ebenfalls bei der Schemaentwicklung berücksichtigt werden sollte.

Damit schließt sich der Kreis der Anwendungsentwicklung zwischen Benutzeroberfläche respektive clientseitiger Weiterverarbeitung der Informationen und der ursprünglichen Speicherung der Daten. Der daraus resultierende Zyklus der einzelnen Entwicklungsphasen sollte im Rahmen des konzeptionellen Entwurfs gedanklich mehrfach durchlaufen werden, ehe die Daten gespeichert werden. In dieser Entwurfsphase sollte auch bedacht werden, wie fest sich an die vorhandene Datenbank bzw. den Web-Server gebunden werden soll. ODBC-Lösungen bieten diesbezüglich oft eine größere Flexibilität, sind aber vielfach mit Leistungseinbußen in der Performance zu bezahlen.

Nicht zuletzt sollten auch in diesem Zusammenhang bereits die Möglichkeiten zur Weiterentwicklung der Anwendung bedacht werden. Es zeigte sich, daß die Nutzung von Java einen zukunftsweisenden Ansatz bietet, da Server und Netz entlastet und die Client-Reserven genutzt werden können. Darüber hinaus ist es vollkommen umgebungsunabhängig. Eine realistische Einschätzung der zukünftigen Bedeutung von Java wird aber umso schwieriger, je mehr diese Entwicklung das Ergebnis von Marktmacht einzelner Softwarehersteller wiedergibt (z.B. [KUNZE97]).

9 Ausblick

Vergleicht man die heutigen HTTP-Server mit den ersten historischen Dateisystemen zur Datenspeicherung, so sind Gemeinsamkeiten festzustellen. In beiden Fällen sind Daten (Informationen) oftmals redundant in Dateien enthalten. Änderungen sind nur unkomfortabel zu vollziehen und bringen oft Inkonsistenzen mit sich. In den 70er Jahren wurde aus diesem Grund ein DBMS zur Verwaltung der Datendateien eingeführt (vgl. Kap. 2.1.1). Heute kann dasselbe Prinzip auch zum Bereitstellen von Informationen für das WWW genutzt werden, d.h. es brauchen nicht mehr viele HTML-Dokumente einzeln erstellt werden. Stattdessen werden die bereitzustellenden Informationen über ein DBMS in einer DB verwaltet und bei entsprechenden Anfragen dynamisch für das WWW aufbereitet. Damit lassen sich sowohl die Daten einfacher verwalten, als auch den Seiten insgesamt einfacher ein neues Layout geben, indem das Generierungsprogramm der HTML-Dokumente geändert wird.

Es müssen also nicht nur komplexe Informationenstrukturen, die ins WWW gestellt werden sollen, über eine Datenbank organisiert werden, sondern eine Datenbank bietet sich auch schon für einfache Präsenz-Informationen an. Der Unterschied liegt dann nur in dem zu wählenden Datenbanksystem sowie der Anbindungsarchitektur.

10 Literaturverzeichnis

[ASGOWE98]

    Assfalg, R., Goebels, U., Welter, H.;

    Internet Datenbanken;

    Bonn, 1998.

[BALZERT96]

    Blazert, H.;

    Lehrbuch der Software-Technik;

    Heidelberg, 1996.

[BODENDORF94]

    Bodendorf, F.;

    Systematik der Produktionsfaktoren, in: Skriptum zur Einführung in die BWL, Kap. 6;

    Nürnberg, 1994.

[DEUBIB97]

    Die Deutsche Bibliothek;

    Schlagwortnormdatei;

    Frankfurt/Main, 1997.

[FLANAGAN98]

    Flanagan, D.;

    Java in a Nutshell;

    Köln, 1998.

[FRMORAWE95]

    Froese, J., Moazzami, M., Rautenstrauch, C., Welter, H.;

    Effiziente Systementwicklung mit Oracle 7.1;

    Bonn, 1995.

[GUNDAVARAM96]

    Gundavaram, S.;

    CGI Programmierung;

    Bonn, 1996.

[HACAFI98]

Hamilton, G., Cattell, R., Fisher, M.;
JDBC, Datenbankzugriff mit Java;
Bonn, 1998.

[HENNERKES90]

Hennerkes, W. A.;
Maxdata, A Timeseries Database System;
Heidelberg, 1990.

[JAVASOFT98]

Sun Microsystems;
JDBC Drivers;
http://web1.javasoft.com/products/jdbc.drivers.html;
20. 02. 1998.

[KIM96]

Kim, P.-C.;
A Taxonomy on the Architecture of Database Gateways for the Web;
http://grigg.chungnam.ac.kr/projects/UniWeb/documents/taxonomy/text.html,
09.07.1996.

[KLUTE96]

Klute, R.;
Das World Wide Web;
Bonn, 1996.

[KÜHNEL97]

Kühnel, R.;
Die Java 1.1 Fibel;
Bonn, 1997.

[KUNZE97]

Kunze, M.;
Standards, Lügen und Microsoft;
c't 14/97, S. 14 -15.

[MAFR95]

    Marsch, J., Fritze, J.;

    SQL;

    Braunschweig, 1995.

[MAKRSC96]

    Maaß, S., Kreil-Sauer, A., Schröder, K.;

    Metadaten - Schlüssel zur Nutzung von Informationssystemen;

    Diskussionspapier der LS Statistik u. Ökonometrie, Statistik u. emp.

    Wirtschaftsforschung 12 / 1996;

    Nürnberg, 1996.

[NETSCAPE98]

    Netscape;

    Netscape API Functions;

    http://www.netscape.com/comprod/server_central/config/nsapi.html;

    22. 02. 1998.

[ORACLE92a]

    ORACLE Corporation;

    ORACLE 7 Server Application Developer's Guide;

    Ireland, 1992.

[ORACLE92b]

    ORACLE Corporation;

    PL/SQL User's Guide and Reference;

    Ireland, 1992.

[ORACLE92c]

    ORACLE Corporation;

    SQL Language Reference Manual;

    Ireland, 1992.

[ORACLE93a]

    ORACLE Corporation;

    ORACLE 7 Server - Begriffe;

    Ireland, 1993.

[ORACLE93b]

ORACLE Corporation;
ORACLE7 - Administration;
Ireland, 1993.

[ORACLE96]

ORACLE Corporation;
ORACLE WebServer User's Guide;
Onlinedokumentation.

[ORACLE97]

ORACLE Corporation;
Acsess to Relational Data from Java: JDBC and JSQL - An Oracle White Paper;
http://www.oracle.com/nca/java_nca/html/jsql_jdbc_wp.html;
März 1997.

[PFEIFFER94]

Pfeiffer, W.;
Lean Management;
Berlin, 1994.

[REESE97]

Reese, G.;
Database Programming with JDBC and Java;
Cambridge, 1997.

[SAUER94]

Sauer, H.;
Relationale Datenbanken;
Bonn, 1994.

[TOLKSDORF95]

Tolksdorf, R.;
Die Sprache des Web: HTML 3;
Heidelberg, 1995.

[VOSSEN94]

Vossen, G.;
Datenmodelle, Datenbanksprachen und Datenbank-Management-Systeme;
Bonn, 1994.

[W3_98a]

Cailliau, R.;

A little History of the World Wide Web;

http://www.w3.org/History.html;

03.01.98

[W3_98b]

Raggett, D., Le Hors, A.;

HyperText Markup Language;

http://www.w3.org/MarkUp/index.html;

09.03.98

Ingo Ruth

Entwicklung eines relationalen Datenbankschemas unter Oracle 7.1 sowie eines Zugangssystems zum Retrival über das World Wide Web für volkswirtschaftliche Zeitreihen

Kriterien zur DB-Schema- und Abfrageoptimierung anhand von Versuchen, Klassifizierung von DB-WWW-Anbindungsarchitekturen

Band II

ID 875

ID 875

Ruth, Ingo: Entwicklung eines relationalen Datenbankschemas unter Oracle 7.1 sowie eines Zugangssystems zum Retrival über das World Wide Web für volkswirtschaftliche Zeitreihen: Kriterien zur DB-Schema- und Abfrageoptimierung anhand von Versuchen, Klassifizierung von DB-WWW-Anbindungsarchitekturen / Ingo Ruth –
Hamburg: Diplomarbeiten Agentur, 1998
Zugl.: Nürnberg, Universität, Diplom, 1998

Dipl. Kfm. Dipl. Hdl. Björn Bedey, Dipl. Wi.-Ing. Martin Haschke & Guido Meyer GbR
Diplomarbeiten Agentur, http://www.diplom.de, Hamburg
Printed in Germany

Anhang A: Abbildungen

Anhang B: Übersichten und Beispiele

Anhang C: Versuche

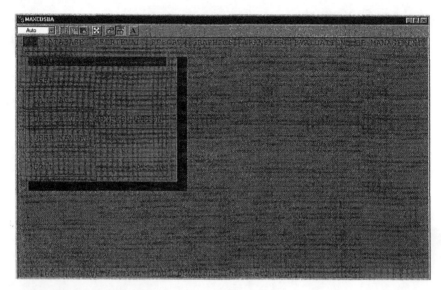

Abb. A - 1: Statisbund-CD, Hauptmenüpunkt „-"

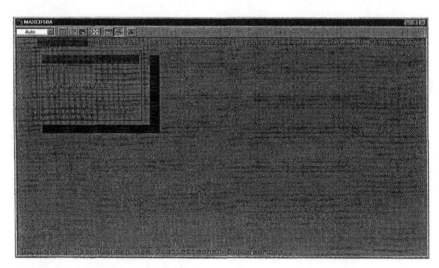

Abb. A - 2: Hauptmenüpunkt DATABASE

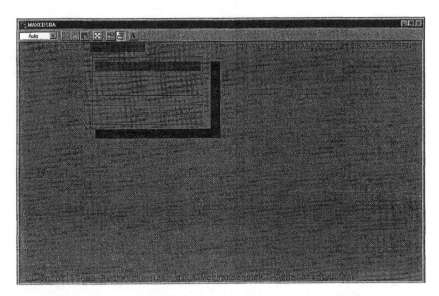

Abb. A - 3: Hauptmenüpunkt RETRIVAL

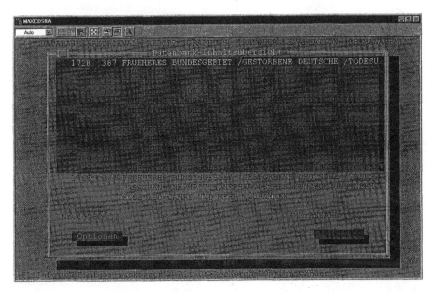

Abb. A - 4: Anzeige der Zeitreihentreffer

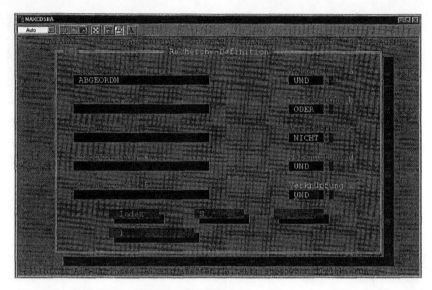

Abb. A - 5: Stichworteingabe unter RETRIEVE

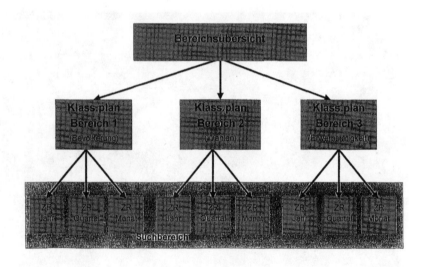

Abb. A - 6: Suchereich bei der Suche über RETRIEVE

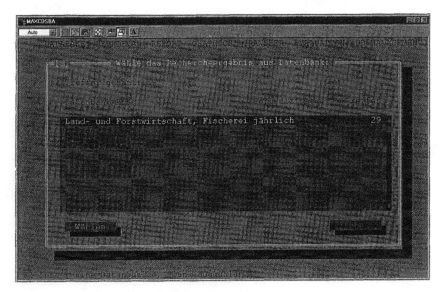

Abb. A - 7: Trefferanzeige nach Bereich und Periodizität

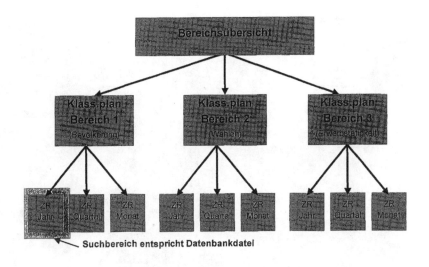

Abb. A - 8: Suchereich bei der Suche über LIST.

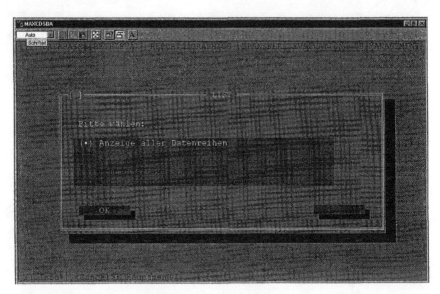

Abb. A - 9: Suchoptionen unter LIST

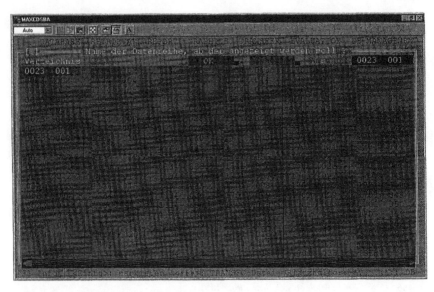

Abb. A - 10: Zeitreihenauswahl per Name

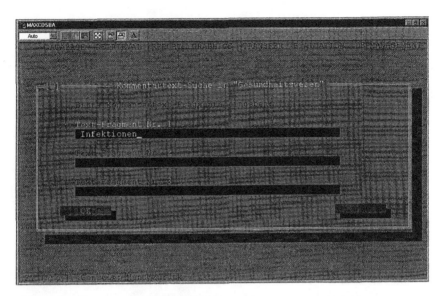

Abb. A - 11: Kommentartextsuche

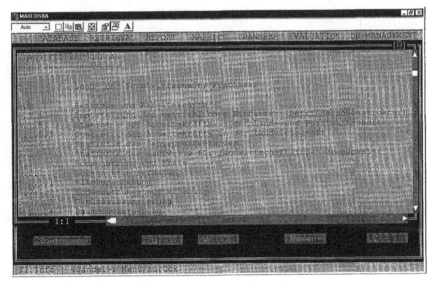

Abb. A - 12: Klassifikationsgliederungsebenen eines Bereichs

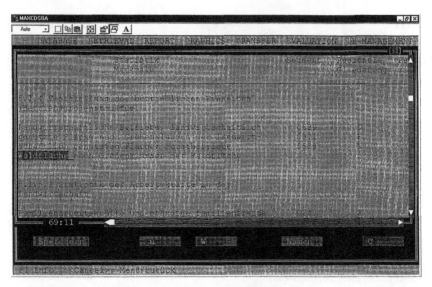

Abb. A - 13:   Anzeige eines im Segmenttext gefundenen Wortes

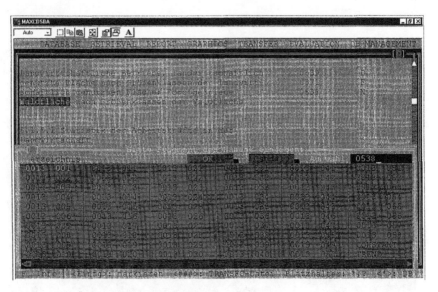

Abb. A - 14:   Übertragen der Segmentnummer

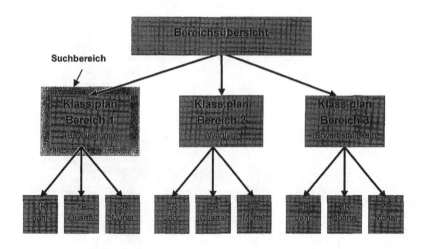

Abb. A - 15: Suchereich bei der Suche über CLASSIFICATION PLAN

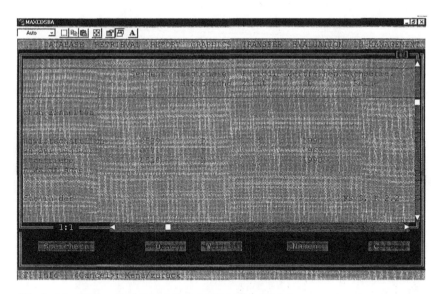

Abb. A - 16: Weitere Segment-Attribute im Klassifizierungsplan

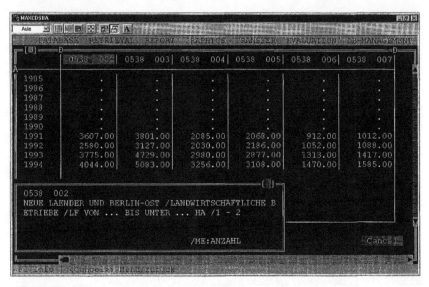

Abb. A - 17: Tabellarische Anzeige der Zeitreihen

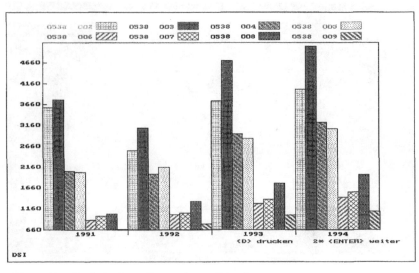

Abb. A - 18: Grafische Darstellung mehrerer Zeitreihen

Abb. A - 19: Startseite des Zeitreihenservices des Statistischen Bundesamtes im WWW

Abb. A - 20: Übersicht über die Bereiche

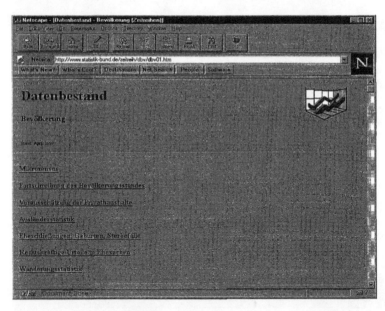

Abb. A - 21:   Erste Klassifizierungsgliederungsebene im Bereich „Bevölkerung"

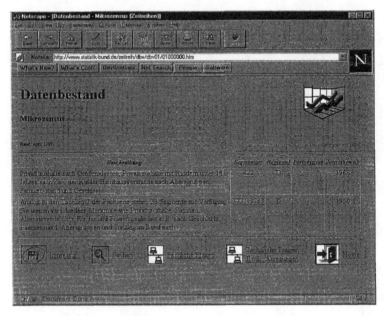

Abb. A - 22:   Übersicht über die Segmente

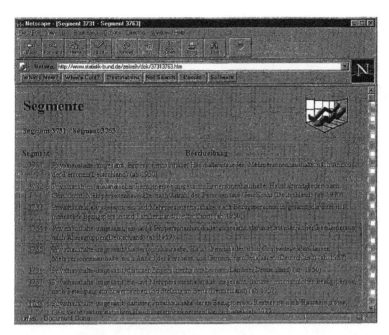

Abb. A - 23: Aufsplittung zusammengefaßter Segmente

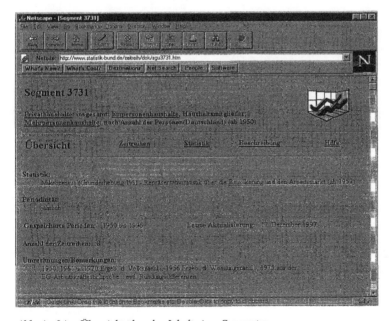

Abb. A - 24: Übersicht über den Inhalt eines Segmentes

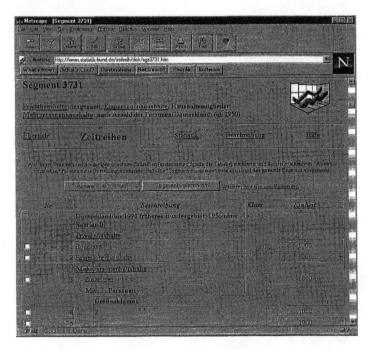

Abb. A - 25: Anzeige der Zeitreihen zu einem Segment

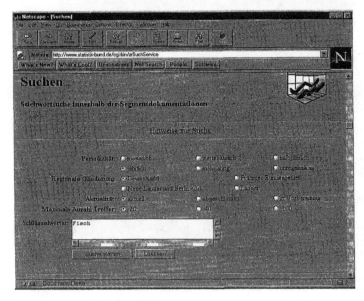

Abb. A - 26: Recherchedefinition

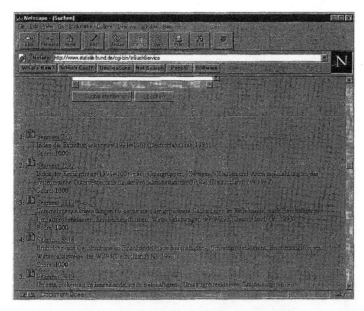

Abb. A - 27: Anzeige der Segmente eines Recherche-Ergebnisses

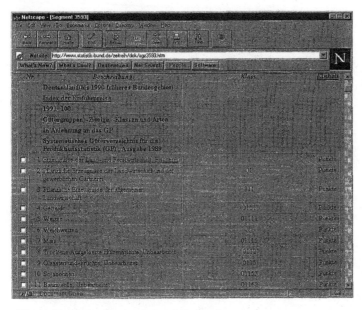

Abb. A - 28: Zeitreihenanzeige nach Recherche

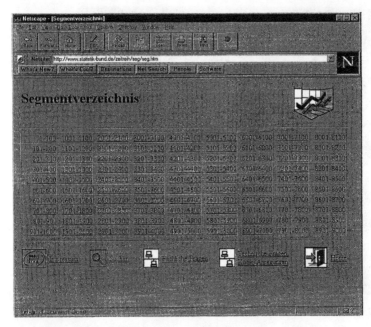

Abb. A - 29: Übersicht aller vorhandenen Segmente

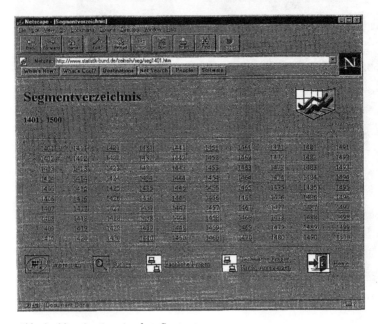

Abb. A - 30: Anzeige einzelner Segmente

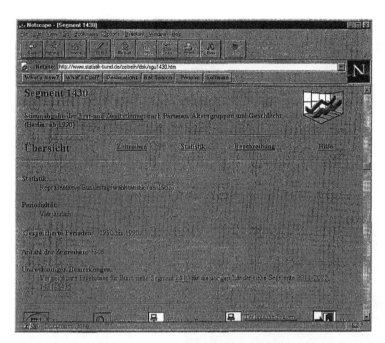

Abb. A - 31: Hinweis auf thematisch eng verwandte Segmente

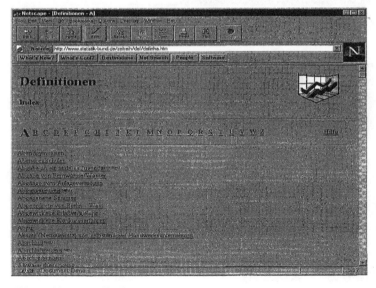

Abb. A - 32: Begriffsindex

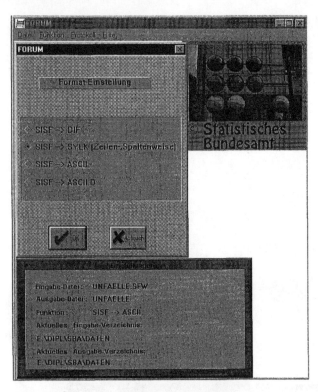

Abb. A - 33: Tool zur Konvertierung der Dateiformate

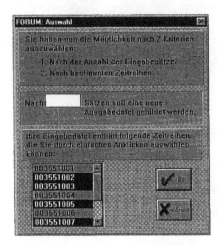

Abb. A - 34: Auswahl bestimmter Zeitreihen zur Konvertierung

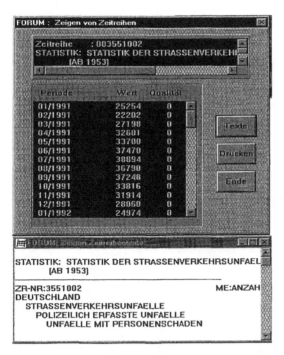

Abb. A - 35: Anzeigen einzelner Zeitreihen mit Titel

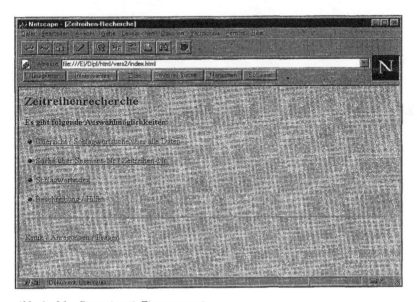

Abb. A - 36: Startseite mit Eingangsmenü

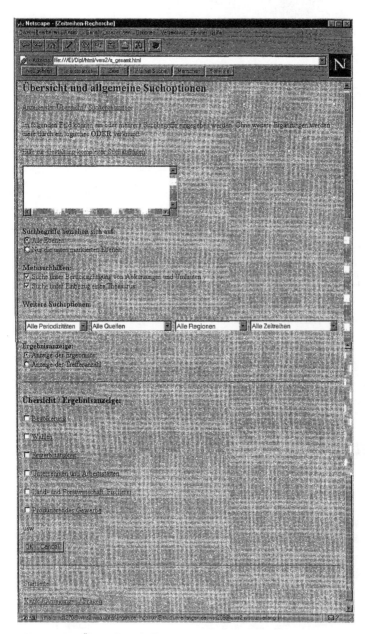

Abb. A - 37: Übersicht und allgemeine Suchoptionen

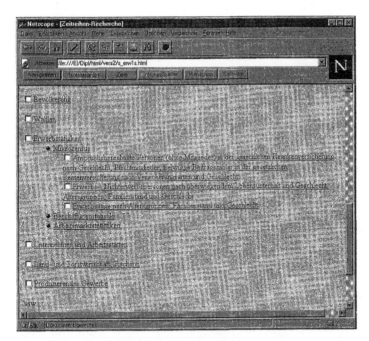

Abb. A - 38:   Beispiel eines Klassifizierungsplans

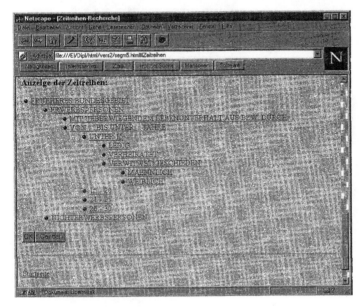

Abb. A - 39:   Zeitreihentitel eines Segments

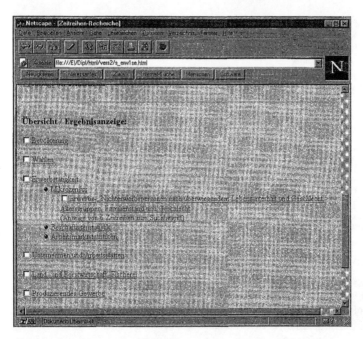

Abb. A - 40: Anzeige eines Rechercheergebnisses im Klassifizierungsplan

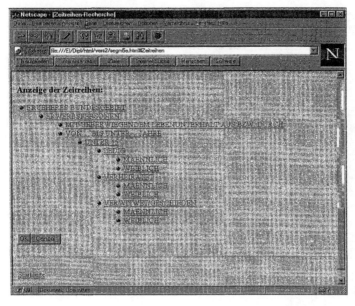

Abb. A - 41: Anzeige eines Rechercheergebnisses auf Segmentebene

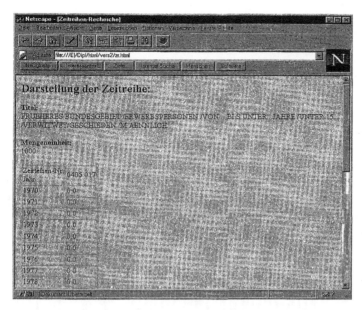

Abb. A - 42:   Tabellarische Anzeige einer Zeitreihe

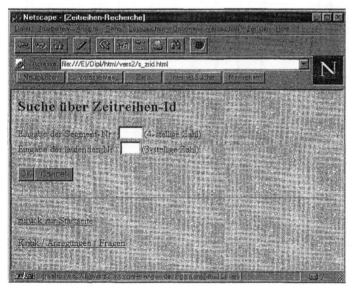

Abb. A - 43:   Quereinstieg in die Suche

Universalrelation Segment mit Beispielsdatensätzen

Segmente	Regionalität	Periodizität	ZR-Beginn	ZR-Ende	Quelle	Bereich	KG1	KG2	KG3	KG4	Segmentinhalt	Segment-bandnr.
1118	F	L	1970		FS 1, R 1	Bevölkerung	Fortschreibung des Bevölkerungsstandes	Bevölkerungsstand (31.12.)			Insgesamt nach Geschlecht, Familienstand und Altersjahren	6
1119	F	L	1970		FS 1, R 1	Bevölkerung	Fortschreibung des Bevölkerungsstandes	Bevölkerungsstand (31.12.)			Insgesamt nach Geschlecht, Familienstand und Altersjahren	6
1120	F	L	1970		FS 1, R 1	Bevölkerung	Fortschreibung des Bevölkerungsstandes	Bevölkerungsstand (31.12.)			Insgesamt nach Geschlecht, Familienstand und Altersjahren	6
1124	F	L	1970		FS 1	Bevölkerung	Erhebung/Zählungen, Geburten	Geborene			Insgesamt nach Geschlecht, Familienstand und Altersjahren	25
1125	F	L	1970		FS 1	Bevölkerung	Erhebung/Zählungen, Geburten, Sterbefälle	Gestorbene			Insgesamt nach Geschlecht, Familienstand und Altersjahren	25
1126	F	L	1970		FS 1	Bevölkerung	Erhebung/Zählungen, Geburten, Sterbefälle	Gestorbene			Insgesamt nach Geschlecht, Familienstand und Altersjahren	25
2182	F	L	1977		FS 1	Erwerbstätigkeit	Beschäftigtenstatistik	Voll- und Teilzeitbeschäftigte (jeweils darunter weiblich) nach Wirtschaftsabteilungen und ausgewählten -unterabteilungen			Beschäftigte Arbeitnehmer nach Wirtschaftsabteilungen, Altersgruppen und Geschlecht	56
2185	J	5J	1974		FS 1	Erwerbstätigkeit	Beschäftigtenstatistik	Voll- und Teilzeitbeschäftigte (jeweils darunter weiblich) nach Wirtschaftsabteilungen und ausgewählten -unterabteilungen			Beschäftigte Arbeitnehmer insgesamt nach Wirtschaftsabteilungen, Altersgruppen und Geschlecht	56
2194	F	5J	1974		FS 1	Erwerbstätigkeit	Beschäftigtenstatistik	Voll- und Teilzeitbeschäftigte (jeweils darunter weiblich) nach Wirtschaftsabteilungen und ausgewählten -unterabteilungen			Beschäftigte Arbeitnehmer -Arbeiter, Angestellte, Auszubildende- nach Geschlecht	52
2195	F	5J	1977		FS 1	Erwerbstätigkeit	Beschäftigtenstatistik	Voll- und Teilzeitbeschäftigte (jeweils darunter weiblich) nach Wirtschaftsabteilungen und ausgewählten -unterabteilungen			Beschäftigte Arbeitnehmer -Arbeiter, Angestellte, Auszubildende- nach Geschlecht	52
2196	F	5J	1974		FS 1	Erwerbstätigkeit	Beschäftigtenstatistik	Voll- und Teilzeitbeschäftigte (jeweils darunter weiblich) nach Wirtschaftsabteilungen und ausgewählten -unterabteilungen			Beschäftigte Arbeitnehmer -Arbeiter, Angestellte, Auszubildende- nach Wirtschaftsabteilungen, Altersgruppen und Geschlecht	52
2197	F	5J	1977		FS 1	Erwerbstätigkeit	Beschäftigtenstatistik	Voll- und Teilzeitbeschäftigte (jeweils darunter weiblich) nach Wirtschaftsabteilungen und ausgewählten -unterabteilungen			Beschäftigte Arbeitnehmer insgesamt nach Ausbildung, Wirtschaftsabteilungen und Geschlecht	55
2200	F	5J	1977		FS 1	Erwerbstätigkeit	Beschäftigtenstatistik	Voll- und Teilzeitbeschäftigte (jeweils darunter weiblich) nach Wirtschaftsabteilungen und ausgewählten -unterabteilungen			Beschäftigte Arbeitnehmer -insgesamt, Arbeiter, Angestellte- nach Ausbildung, Altersgruppen und Geschlecht	54
2201	F	5J	1977		FS 1	Erwerbstätigkeit	Beschäftigtenstatistik	Voll- und Teilzeitbeschäftigte (jeweils darunter weiblich) nach Wirtschaftsabteilungen			Beschäftigte Arbeitnehmer -insgesamt, Arbeiter, Angestellte, Auszubildende- nach Ausbildung, Altersgruppen und Geschlecht	54
4570	N	m	1991		FS 4, R 2.2	produzierendes Gewerbe	Betriebserhebungen im Bergbau und Verarbeitendem Gewerbe	Monatserhebungen	Indizes des Auftragseingangs und des Umsatzes für das Verarbeitende Gewerbe	Nationale Systematiken	Index des Auftragseingangs (West) (1991=100) nach Hauptgruppen, Abschnitten, Klassen der WZ 93	157
4571	N	m	1991		FS 4, R 2.2	produzierendes Gewerbe	Betriebserhebungen im Bergbau und Verarbeitendem Gewerbe	Monatserhebungen	Indizes des Auftragseingangs und des Umsatzes für das Verarbeitende Gewerbe	Nationale Systematiken	Index des Auftragseingangs (West) (1991=100) nach Hauptgruppen, Abschnitten, Unterabschnitten, Abteilungen, Gruppen und Klassen der WZ 93	157
4610	N	m	1991		FS 4, R 2.2	produzierendes Gewerbe	Betriebserhebungen im Bergbau und Verarbeitendem Gewerbe	Monatserhebungen	Indizes des Auftragseingangs und des Umsatzes für das Verarbeitende Gewerbe	Nationale Systematiken	Index des Auftragseingangs (West) (1991=100) nach Hauptgruppen, Abschnitten, Klassen der WZ 93	157
4611	N	m	1991		FS 4, R 2.2	produzierendes Gewerbe	Betriebserhebungen im Bergbau und Verarbeitendem Gewerbe	Monatserhebungen	Indizes des Auftragseingangs und des Umsatzes für das Verarbeitende Gewerbe	Nationale Systematiken	Index des Auftragseingangs (West) (1991=100) nach Hauptgruppen, Abschnitten, Unterabschnitten, Abteilungen, Gruppen und Klassen der WZ 93	157
4650	D	m	1991		FS 4, R 2.2	produzierendes Gewerbe	Betriebserhebungen im Bergbau und Verarbeitendem Gewerbe	Monatserhebungen	Indizes des Auftragseingangs und des Umsatzes für das Verarbeitende Gewerbe	Nationale Systematiken	Index des Auftragseingangs (West) (1991=100) nach Hauptgruppen, Abschnitten, Klassen der WZ 93	157
4651	D	m	1991		FS 4, R 2.2	produzierendes Gewerbe	Betriebserhebungen im Bergbau und Verarbeitendem Gewerbe	Monatserhebungen	Indizes des Auftragseingangs und des Umsatzes für das Verarbeitende Gewerbe	Nationale Systematiken	Index des Auftragseingangs (West) (1991=100) nach Hauptgruppen, Abschnitten, Unterabschnitten, Abteilungen, Gruppen und Klassen der WZ 93	157

Abb. A - 44: Universalrelation Segment mit Beispielsdatensätzen

Universalrelation Zeitreihe

ZR-Nr	ME	SegmNr	TG1	TG2	TG3	TG4	TG5	TG6	TG7
2070 112	ANZAHL	2070	FRUEHERES BUNDESGEBIET	LEBEND-GEBORENE	EHELICH LEBENDGEBORENE DARUNTER	MUTTER MIT DEUTSCHER STAATSANGE-HOERIGKEIT	DARUNTER MIT ERWERBSTAE-TIGER MUTTER	ALTER DER MUTTER	ZUSAMMEN
3734 016	1000	3734	DEUTSCHLAND (BIS 1990 FRUEHERES BUNDESGEBIET)	PRIVAT-HAUSHALTE	HAUSHALTS-GROESSEN EINPERSONEN HAUSHALTE	BEZUGS-PERSON	DARUNTER MIT MAENNLICHER BEZUGSPERSON	ALTER VON ... BIS UNTER ... JAHREN	ZUSAMMEN
3734 026	1000	3734	DEUTSCHLAND (BIS 1990 FRUEHERES BUNDESGEBIET)	PRIVAT-HAUSHALTE	HAUSHALTS-GROESSEN MEHR-PERSONEN-HAUSHALTE	BEZUGS-PERSON	DARUNTER MIT MAENNLICHER BEZUGSPERSON	ALTER VON ... BIS UNTER ... JAHREN	ZUSAMMEN
3763 063	1000	3763	DEUTSCHLAND (BIS 1990 FRUEHERES BUNDESGEBIET)	FRAUEN	IM ALTER VON 15 BIS UNTER 65 JAHREN DARUNTER	ERWERBS-TAETIGE	ALLEINSTEHENDE OHNE KINDER / ALLEINERZIE-HENDE LEDIG	MIT LEDIGEN KINDERN IN DER FAMILIE	ZUSAMMEN
3763 069	1000	3763	DEUTSCHLAND (BIS 1990 FRUEHERES BUNDESGEBIET)	FRAUEN	IM ALTER VON 15 BIS UNTER 65 JAHREN DARUNTER	ERWERBS-TAETIGE	ALLEINSTEHENDE OHNE KINDER / ALLEINERZIE-HENDE VERHEIRA-TET GETRENNT LEBEND	MIT LEDIGEN KINDERN IN DER FAMILIE	ZUSAMMEN
3763 075	1000	3763	DEUTSCHLAND (BIS 1990 FRUEHERES BUNDESGEBIET)	FRAUEN	IM ALTER VON 15 BIS UNTER 65 JAHREN DARUNTER	ERWERBS-TAETIGE	ALLEINSTEHENDE OHNE KINDER / ALLEINERZIEHENDE VERWITWET	MIT LEDIGEN KINDERN IN DER FAMILIE	ZUSAMMEN
3763 081	1000	3763	DEUTSCHLAND (BIS 1990 FRUEHERES BUNDESGEBIET)	FRAUEN	IM ALTER VON 15 BIS UNTER 65 JAHREN DARUNTER	ERWERBS-TAETIGE	ALLEINSTEHENDE OHNE KINDER / ALLEINERZIEHENDE GESCHIEDEN	MIT LEDIGEN KINDERN IN DER FAMILIE	ZUSAMMEN
2648 036	DM	2648	FRUEHERES BUNDESGEBIET (OHNE STADTSTAATEN)	VERAEUSS. FLAECH. DER LAND-WIRTSCHAFTL. NUTZUNG	DARUNTER VERAEUSSERUNGSF AELLE OH. GEBAEUDE U. OH. INVENTAR	KAUFWERT	JE HEKTAR GESAMTFLAECHE	FLAECHE D. LDW. NUTZUNG	ZUSAMMEN
4385 036	DM	4385	NEUE LAENDER	VERAEUSS. FLAECH. DER LAND-WIRTSCHAFTL. NUTZUNG	DARUNTER VERAEUSSERUNGSF AELLE OH. GEBAEUDE U. OH. INVENTAR	KAUFWERT	JE HEKTAR GESAMTFLAECHE	FLAECHE D. LDW. NUTZUNG	ZUSAMMEN
4385 042	DM	4385	NEUE LAENDER	VERAEUSS. FLAECH. DER LAND-WIRTSCHAFTL. NUTZUNG	DARUNTER VERAEUSSERUNGSF AELLE OH. GEBAEUDE U. OH. INVENTAR	KAUFWERT	JE HEKTAR FLAECHE DER LANDWIRTSCHAFT-LICHEN NUTZUNG	FLAECHE D. LDW. NUTZUNG	ZUSAMMEN

Abb. A - 45: Universalrelation Zeitreihe mit Beispielsdatensätzen

Statistik Merkmale	Segment	Regionale Gliederung	Periodi- zität	Zeitreihen ab	Fachserie, Reihe
1.2 Mikrozensus					FS 1 ,R 3
Privathaushalte nach Größenklassen; Privathaushalte mit Kindern unter 18 Jahren nach Zahl der Kinder; Haushaltsvorstände nach Altersgruppen, Familien- stand und Geschlecht	0422	D	j	1968	
Analog zu den Tabellen 7 der FS stehen 33 Segmente zur Verfügung. Sie weisen verschiedene Merkmale wie Privathaushalte, Familien, Alleinstehende ohne Kinder und Frauen gegliedert z.B. nach Geschlecht, Familienstand, Altersgruppen und Stellung im Beruf nach.	3731 -376	3 D	j	frühestens ab 1950	
1.3.2 Fortschreibung des Bevölkerungsstandes					FS 1,R 1
Bevölkerungsstand (31.12.)					
nach Altersjahren und Geschlecht, Familienstand	0037	F	j	1952	
	0686	D	j	1991	
	0480-0490	L	j	1967	
	0687-0691	L	j	1991	
nach Altersgruppen und Geschlecht	3027	F	j	1970	
	0698	D	j	1991	
Insgesamt nach Geschlecht, Familienstand und Altersjahren	1118-1120	F	j	1970	
	0692-0694	D	j	1991	
Deutsche Beölkerung nach Geschlecht, Familien- stand und Altersjahren	1121-1123	F	j	1970	
	0695-0697	D	j	1991	

Abb. A - 46:   Klassifizierungsplan in Excel-Tabelle

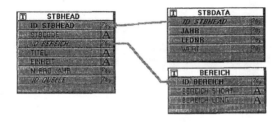

Abb. A - 47: Ursprüngliches Schema der Zeitreihendaten

SegmentNr	Region	Periode	ZR-Beginn	ZR-Ende	Quelle	SegmentbundNr

Abb. A - 48: 3. Normalform der Relation Segment

Schema nach Normalisierung in Boyce-Codd-Normalform

Relation Segment
| id_Segment | SegmentNr | id_Region | id_Periode | ZR-Beginn | ZR-Ende | id_Quelle | id_segmentbund |

Relation Klassiffikation
| id_segmentbund | SegmentbundNr | id_Bereich | id_KG1 | id_KG2 | id_KG3 | id_KG4 | id_Segmenttext |

Relation Zeitreihe
| id_zeitreihe | ZeitreihenNr | id_TG1 | id_TG2 | id_TG3 | id_TG4 | id_TG5 | id_TG6 | id_TG7 | id_TG8 | id_TG9 | Einheit |

Relation Region
| id_Region | Regionalität |

Relation Periode
| id_Periode | Periodizität |

Relation Quelle
| id_Quelle | Quelle |

Relation Bereich
| id_Bereich | Bereich |

Relation KlassGlied1
| id_KG1 | KG1 |

Relation KlassGlied2
| id_KG2 | KG2 |

Relation KlassGlied3
| id_KG3 | KG3 |

Relation KlassGlied4
| id_KG4 | KG4 |

Relation Segmenttext
| id_Segmenttext | Segmenttext |

Relation TitelG1
| id_TG1 | TG1 |

[...]

Relation TitelG9
| id_TG9 | TG9 |

Abb. A - 49: Zwischenergebnis der Normalisierung

SBAERGBESTEBENEN
USERID	789
SEGMBUNDNR	789
ID_SBABEREICH	789

SBAERGSEGMBED
USERID	789
ID_SBASEGMENT	789
ID_SBABEREICH	789
SEGMBUNDNR	789

SBAERGEBNSEGM
| USERID | 789 |
| ID_SBASEGMENT | 789 |

SERG
SID	789
SEGID	789
B	789
K1	789
K2	789
K3	789
K4	789

SBAERGEBNIS1
USERID	789
B	789
K1	789
K2	789
K3	789
K4	789
S	789
SB	789
ST	789
Z	789

SBAERGEBNIS2
USERID	789
T1	789
B	789
SB	789
S	789
T2	789
T3	789
T4	789
T5	789
T6	789
T7	789
T8	789
T9	789
Z_ANZ	789

SBAERGSW
USERID	789
LOG	A
SWNR	789
SW	A
TAB	A
ANZTR	789

SBAERGEBNISSW
USERID	789
LOG	A
SWNR	789
SW	A

SUCHERG
SUCHNR	789
SW	A
ZRID	789
TABNR	789

Abb. A - 50: Hilfstabellen

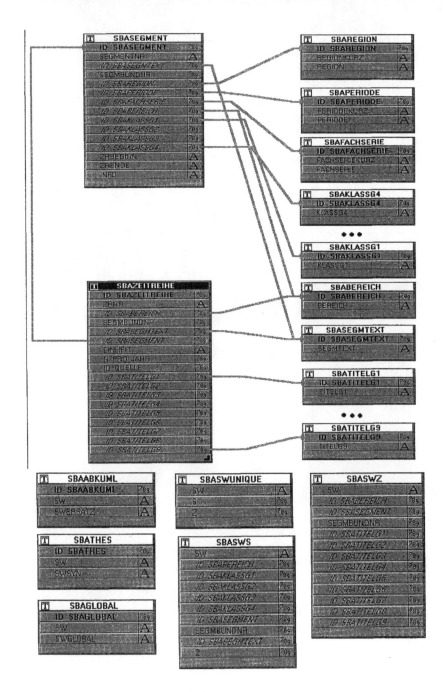

Abb. A - 51:   Das fertige Datenbankschema

Tabelle:	Anzahl Zeilen:	Kurzbeschreibung Inhalt
SBABereich	20	Enthält alle Bereichsbezeichnungen.
SBASegment	2.278	Fasst alle auf Segmentnummernebene alle Segmentinformationen zusammen. Folgende Attribute wurden über Fremdschlüssel mit anderen Tabellen verknüpft: Regionalität, Periodizität, Fachserie, KG1 - KG4. Zusätzlicher ID als Primärschlüssel.
SBAZeitreihe	298.499	Fasst auf Zeitreihennummernebene alle Informationen der Zeitreihen zusammen. Über Fremdschlüssel sind folgende Attribute eingebunden: TG1 - TG9, Bereich, Segment sowie der Segmenttext.
SBARegion	10	Enthält alle Regionalitäten, auf deren Basis Daten erhoben wurden.
SBAPeriode	9	Enthält alle Periodizitäten, innerhalb derer Daten erhoben wurden.
SBAFachserie	92	Enthält die Quellen der statistischen Daten in Anlehnung an die Bezeichnungen der statistischen Jahrbücher.
SBAKlassG1	102	Enthält die erste Bezeichnungen der ersten Gliederungsebene der Klassifizierungspläne aller Bereiche. (KG1)
SBAKlassG2	92	Enthält die zweite Gliederungsebene aller Klassifizierungspläne. (KG2)
SBAKlassG3	41	Enthält die dritte Gliederungsebene aller Klassifizierungspläne. (KG3)
SBAKlassG4	7	Enthält die vierte Gliederungsebene aller Klassifizierungspläne. (KG4)
SBASegmText	611	Enthält alle Beschreibungstexte der Segmente.
SBATitelG1	191	Enthält alle Bezeichnungen der ersten Titelgliederungsebene. (TG1)
SBATitelG2	662	Enthält alle Bezeichnungen der zweiten Titelgliederungsebene. (TG2)
SBATitelG3	2.018	Enthält alle Bezeichnungen der dritten Titelgliederungsebene. (TG3)
SBATitelG4	12.388	Enthält alle Bezeichnungen der vierten Titelgliederungsebene. (TG4)
SBATitelG5	45.844	Enthält alle Bezeichnungen der fünften Titelgliederungsebene. (TG5)
SBATitelG6	3.846	Enthält alle Bezeichnungen der sechsten Titelgliederungsebene. (TG6)
SBATitelG7	2.136	Enthält alle Bezeichnungen der siebten Titelgliederungsebene. (TG7)
SBATitelG8	1.760	Enthält alle Bezeichnungen der achten Titelgliederungsebene. (TG8)
SBATitelG9	1.018	Enthält alle Bezeichnungen der neunten Titelgliederungsebene. (TG9)
SBAAbkUml	Noch im Aufbau	Enthält eine Spalte mit im Schlagwortbestand enthaltenen Abkürzungen oder Worten mit Umlauten. In zweiter Spalte stehen ausgeschriebene Ersatzwörter oder die Wörter ohne Umlaut
SBAThes	Noch im Aufbau	Enthält zu ausgewählten Schlagwörtern (1. Spalte) Synonyme (2. Spalte). Sollen zu einem Schlagwort mehrere Synonyme eingetragen werden, so ist es mehrfach in der ersten Spalte enthalten.
SBAGlobal	Noch im Aufbau	Entspricht Tab. SBAThes, allerdings sind als Ersatzwörter Oberbegriffe eingetragen (gem. "siehe auch"-Verweise [DEUBIB])
SBASWUnique	16.546	Enthält alle Schlagworte einmalig gespeichert. In weiteren Spalten ist die jeweilige Häufigkeit des Wortes in den Tabellen SBASWS und SBASWZ enthalten.
SBASWS	250.736	Enthält zu den Schlagwörtern alle anzuzeigenden KG bis zur Tiefe, in der das Wort vorkommt. Ist das Wort in den Zeitreihen enthalten, so sind alle zu dieser ZR gehörigen KG-Ebenen bis zum Segment enthalten.
SBASWZ	775.864	Enthält zu analog zur Tabelle SBASWS alle auf Zeitreihenebene anzuzeigenden TG bis zur Tiefe, in der das Wort vorkommt.

Abb. A - 52:   Beschreibung der Schematabellen

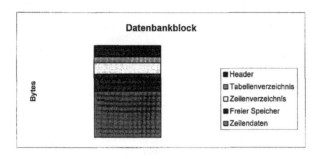

Abb. A - 53: Aufbau eines Datenbankblocks
Quelle: ([ORACLE93a], Abb. 3-2)

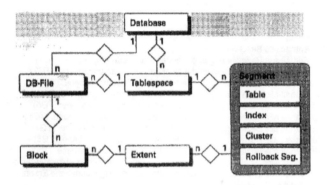

Abb. A - 54: Entity-Relationship-Modell der Speicherstrukturobjekte der ORACLE 7.1
Datenbank
Quelle: angelehnt an ([FRMORAWE95], Abb. 2.7)

Tabelle	Index auf Spalte	Anz. Zeilen Tab.	Anz. Einträge Indexspalte	Anz. distinct Einträge Indexsp.	durchschn. Einschränk- ung auf:	in % der Gesamt- tabelle:
SBASegment	segmbundnr	2278	2278	662	3	0,15%
	id_sbasegmtext	2278	2278	622	4	0,16%
	id_sbaklassg2	2278	1670	92	18	0,80%
	id_sbafachserie	2278	1843	92	20	0,88%
	id_sbaklassg1	2278	2278	102	22	0,98%
	id_sbaklassg4	2278	159	7	23	1,00%
	id_sbaklassg3	2278	938	41	23	1,00%
	id_sbabereich	2278	2278	20	114	5,00%
	id_sbaregion	2278	2278	10	228	10,00%
	id_sbaperiode	2278	2278	9	253	11,11%

Abb. A - 55: Über Exceltabellen berechnete Reihenfolge der Indizes

	TSBABereich	TSBAKlassG1	TSBAKlassG2
Gesamtzahl Zeilen der Tabelle:	20	102	92
Gesamtspaltenlänge einer durchschn. Spalte	23	35,4216	36,1196
Anzahl Spalten <= 250 B:	2	2	2
Anzahl Spalten > 250 B:	0	0	0
ergibt durchschn. Spaltenlänge:	28	40,4216	41,1196
R (durchschn. Anz. Zeilen je Block, um 10% abgerundet):	55	39	38
Anzahl Blöcke für diese Tabelle:	1	3	3
Summe Bytes für diese Tabelle:	2048	6144	6144
Wert in KBytes	2	6	6
Wert in MBytes	0	0	0
Da Initialextent-Default = 5K, muß nur bei Tabellen > 5 KBytes Storage-Clause angegeben werden! Ergebnis hier:	Storage-Clause nicht nötig!	Storage-Clause angeben!	Storage-Clause angeben!

Abb. A - 56: Über Exceltabellen berechnete INITIAL-Werte der Tabellenextents

Clusterschlüsse SBASWS (Restspalten) I-spalte: sw		
Gesamtspaltenlänge:	9,55595128	16,9759747
Anzahl Spalten <= 250 B:	1	9
Anazhl Spalten > 250 B:	0	0
Größe in Bytes einer durchschn. Spalte:	29,55595128	29,9759747
Anzahl Zeilen je Clusterschlüssel in Tabelle:		14,29
durchschn. Größe einer Zeile:		428,41
Anzahl Clusterschlüssel:	16546	
Gesamtzahl aller Zeilen zu Clusterschlüssel:	14,29191439	

		Cluster-Indexgröße:	6502,00 KB
durchschn. Satzgröße:	486,5538442		
aufgerundet, ergibt SIZE =	500	**Speicherbedarf im Cluster**	11.032,00 KB
		Speicherbedarf ohne Cluster	11.664,00 KB
Anzahl Tabellen für Cluster:	1	**Speicherplatzgewinn**	632,00 KB
ergibt verfügb. Datenspeicher:	1830,4		
Rest:	-2*R		

Anzahl Clusterschlüssel je Block:	3
Gesamtzahl benötigter Blöcke:	5.516
Umrechnung in Bytes:	11.296.768
Umrechnung in KBytes:	11.032
Umrechnung in MBytes:	10,800

Abb. A - 57: Über Exceltabellen berechneter Cluster-Speicherbedarf

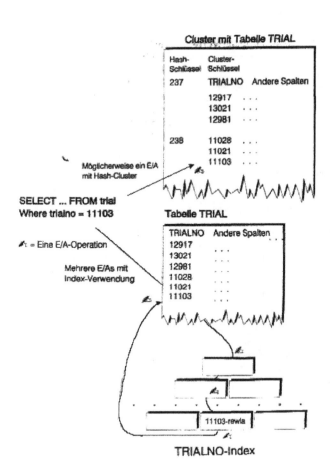

Abb. A - 58:   Zugriff auf Index- und Hashcluster
Quelle: ([ORACLE93a], Abb. 5-9)

Rang	Prädikat
1	ROWID = Konstante
2	Unique Index = Konstante
3	Zusammengesetzter Unique Index = Konstante
	Bei den ersten drei Rängen ist sichergestellt, daß nur ein Datensatz selektiert wird
4	Clusterschlüssel = Clusterschlüssel einer anderen Tabelle des selben Clusters
5	Clusterschlüssel = Konstante
	Clusterschlüssel sind aufgrund ihrer internen Struktur sehr schnell
6	Einfacher zusammengesetzter Index = Konstante
7	Einfacher Index = Konstante
	Es ist zu beachten, daß die Ränge 1 - 7 ausschließliche das Gleichheitszeichen als Operator betrachten.
8	Nicht komprimierter zusammengesetzter Index >= untere Grenze oder <= obere Grenze
9	Komprimierter zusammengesetzter Index >= untere Grenze oder <= obere Grenze
10	Am weitesten vorne stehender, nicht komprimierter zusammengesetzter Index
11	Am weitesten vorne stehender zusammengesetzter Index
	Zusammengesetzte Inizes haben auch bei Ungleichheitsoperationen hohe Priorität.
12	Unique Index mit Between...End- oder mit Like-Operator mit %-Wild-Card nur auf rechter Seite
13	Wie 12, nur mit einfachem Index
	Bei diesen Operationen handelt es sich um Bounded-Range-Operationen. Bounded-Ranges sind abgeschlossene Intervalle.
14	Unique Index mit < oder > Operator
15	Wie 14, aber mit einfachem Index
colspan	Bei 14 und 15 handelt es sich um Operationen auf nicht abgeschlossenen Intervallen.
16	Sort/Merge
colspan	Ein Sort/Merge wird bei einer Gleichheitsoperation in Join-Bedingungen durchgeführt, bei denen auf jeder Seite des Gleichheitszeichens ein Attributname steht. Der Sort/Merge ist ein Algorithmus, bei dem beide Tabellen zunächst sortiert werden, und dann erst der Vergleich für die Join-Bedingung durchgeführt wird.
17	Max oder Min auf einem Index
18	Order By mit Index
19	Full Table Scans

Abb. A - 59:   Rangreihenfolge abzuarbeitender SQL-Operationen
Quelle: ([FRMORAWE94], Tab. 3.3)

	ire	ore	irn-e	orn-e	in-re	on-re	in-rn-e	on-rn-e
ire	-	<	<	<	<	<	<	<
ore	>	-	(<)	<	(<)	<	(<)	<
irn-e	>	(>)	-	<	?	?	<	<
orn-e	>	>	>	-	?	?	(<)	<
in-re	>	(>)	?	?	-	<	<	<
on-re	>	>	?	?	>	-	(<)	<
in-rn-e	>	(>)	>	(>)	>	(>)	-	<
on-rn-e	>	>	>	>	>	>	>	-

Es bedeuten:

i	Inner-Join	<	ist billiger als
o	Outer-Join	>	ist teurer als
r	Restricted-Join	(<)	ist i.a. billiger als
n-r	Non-Restricted-Join	(>)	ist i.a. teurer als
e	Equi-Join	?	keine sinnvolle Aussage möglich
n-e	Non-Equi-Join		

Abb. A - 60: Kosten-Vergleich verschiedener Join-Kombinationen
Quelle: ([FRMORAWE94], Tab. 3.2)

```
SELECT zr.id_sbatitelg2, t2.titelg2
  FROM SBAZeitreihe zr, SBATitelG2 t2
    WHERE zr.id_sbatitelg2 = t2.id_sbaTitelg2
    AND zr.id_sbasegment IN
      (SELECT id_sbasegment FROM SBASegment
        WHERE id_sbasegmtext = 82)
    AND zr.id_sbatitelg1 = 1
    GROUP BY zr.id_sbatitelg2, t2.titelg2
    ORDER BY zr.id_sbatitelg2;
```

OPERATION	OPTIONS	OBJECT_NAME	pos	ID	pid
SELECT STATEMENT				0	
SORT	GROUP BY		1	1	0
NESTED LOOPS			1	2	1
NESTED LOOPS			1	3	2
TABLE ACCESS	BY ROWID	SBAZEITREIHE	1	4	3
INDEX	RANGE SCAN	SBAZEITREIHE_IN_10	1	5	4
TABLE ACCESS	BY ROWID	SBATITELG2	2	6	3
INDEX	UNIQUE SCAN	SBATITELG2_PK_1	1	7	6
TABLE ACCESS	BY ROWID	SBASEGMENT	2	8	2
INDEX	UNIQUE SCAN	SBASEGMENT_PK_1	1	9	8

Erklärungen:

Von den in der Tabelle und an den Kreisen befindlichen ID's der
Arbeitsschritte wird die größte Nummer zuerst abgearbeitet!
SBAZeitreihe_IN_10: Index auf Spalte id_sbatitelg1 in Tabelle
SBAZeitreihe
SBATitelG2_PK_1: Primary-Key und damit Index auf Spalte
id_sbatitelg2 in Tabelle SBATitelG2
SBASegment_PK_1: Primary_Key und damit Index auf Spalte
id_sbasegment in Tabelle SBASegment

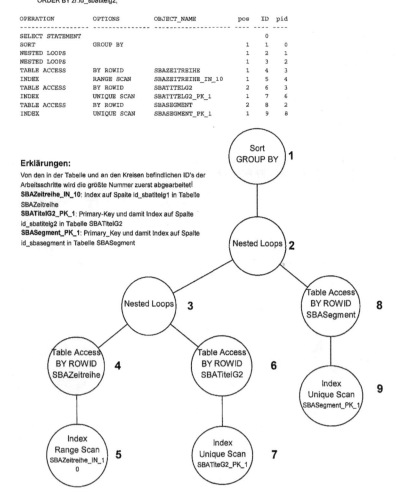

*Abb. A - 61:   Tabellarisch und grafisch aufbereiteter Ausführungsplan zu einem
geschachtelten Select-Statement*

Übersicht B-1: Einführung in SQL-Abfragen (SELECT-Statements)

An einem abstrakten Beispiel soll kurz die Abfrage von Tabellendaten erklärt werden.

Beispiel 1: Einfache Projektion und Selektion

```
SELECT spalte1, spalte2, spalte3 FROM tabelleA
    WHERE spalte1 < 1234
    AND spalte2 LIKE 'a%';
```

Alle SQL-Befehle wurden groß geschrieben. Hat die Tabelle tabelleA beispielsweise vier Spalten, so findet hier eine Projektion auf die Spalten eins bis drei statt. Durch die Prädikate spalte1 < 1234 und spalte2 LIKE 'a%' werden nur alle diesen *beiden* Bedingung entsprechenden Datenzeilen selektiert, da sie über ein logisches AND verknüpft sind.

Beispiel 2: Selektion mit HAVING-Clause

```
SELECT * FROM tabelleA
    WHERE spalte1 < 1234
    AND spalte2 LIKE 'a%'
    HAVING MOD(spalte1, 100) = 0;
```

Dieses Statement gibt alle Spalten aus tabelleA (keine Projektion), schränkt aber die Ergebniszeilen aus dem ersten Beispiel zusätzlich auf solche Zeilen ein, bei denen die Werte in spalte1 ohne Rest durch 100 teilbar sind. (Ein tieferer Sinn dieser Beispiele sollte nicht hinterfragt werden.)

Beispiel 3: Funktion COUNT()

```
SELECT COUNT(*) FROM tabelleA
    WHERE spalte1 < 1234;
```

Dieses Statement zählt die Anzahl aller Zeilen aus tabelleA, die dem Prädikat im WHERE-Clause spalte < 1234 entsprechen. Wird an Stelle des * ein Spaltenname gesetzt (z.B. COUNT(spalte1)), dann werden nur solche Zeilen gezählt, bei denen ein Eintrag in dieser Spalte (hier also spalte1) enthalten ist, d.h. die NOT NULL sind.

Beispiel 4: Verknüpfung von Tabellen (Join)

```
SELECT tabelleA.spalte1, spalte2, spalte3, spalteX FROM tabelleA, tabelleB
    WHERE spalte1 < 1234
    AND tabelleA.spalte1 = tabelleB.spalte1;
```

Dieses Statement verknüpft die zwei Tabellen tabelleA und tabelleB über die in beiden Tabellen enthaltene Spalte spalte1, die darüber hinaus weiterhin auf alle Werte < 1234 eingeschränkt bleibt. Hierbei handelt es sich um einen eingeschränkten (Restricted) Equi-Join. Da spalte1 in beiden Tabellen enthalten ist, muß bei der Ausgabe explizit angegeben werden, aus welcher Tabelle der spalte1-Wert ausgegeben werden soll.

Eine vollständige Einführung in SQL findet man beispielsweise in [MAFR95].

Übersicht B-2: Ermitteln von Ausgangsdaten zum Bestimmen der Indexreihenfolge

Folgende SELECT-Statements ermitteln die Gesamtanzahl an Zeilen mit „NOT NULL"-Einträgen (a) sowie die Anzahl an Zeilen mit verschiedenen Einträge (b), hier am Beispiel der Spalte id_tsbatitelg4 in der Tabelle TSBAZeitreihe:

(a)

```
select count(id_tsbatitelg4) from tsbazeitreihe;
```

```
COUNT(ID_TSBATITELG4)
---------------------
              288967
```

(b)

```
select count(*) from tsbatitelg4;
```

```
  COUNT(*)
----------
     12388
```

Die gleiche Vorgehensweise kann für alle benötigten Spalten verwendet werden.

Übersicht B-3: Nutzung eines Index

Es wird beschrieben, wie mittels des EXPLAIN PLAN Befehls ermittelt werden kann, wie bei einer Abfrage ein Index hinzugezogen wird.

1.) Mittels des EXPLAIN PLAN Befehls wird ein Ausführungsplan für das angegebene Statement erstellt, welcher automatisch in die Tabelle plan_table eingetragen wird. Die Spalte statement_id in plan_table dient als Index, also zum Wiederfinden des Ausführungsplans. Im Beispiels-Statement wird eine Tabellenspalte (id_tsbatitelg4) mit vier Werten verglichen.

```
explain plan set statement_id = 'v1' into plan_table for
   select count(*) from tsbazeitreihe where id_tsbatitelg4 in (12, 120, 1200, 12000);
```

2.) Die Tabelle plan_table wird bezüglich dieses Statements ausgelesen, wozu die Ausgabe zunächst formatiert wird.

Setzen von Formaten für die plan_table-Abfrage:

```
column statement_id format a9 wor
column statement_id heading Statem_ID
column remarks format a8 wor
column operation format a15 wor
column options format a15 wor
column object_node format a12 wor
column object_owner format a12 wor
column object_name format a20
column optimizer format a15 wor
column other format a8 wor
set pagesize 150
set linesize 150
```

Abfrage des Ausführungsplans:

```
select lpad(' ',2*(level-1))||operation Operation, options, object_name, position
   from plan_table
   start with id = 0 and statement_id = 'v1'
   connect by prior id = parent_id and statement_id = 'v1';
```

OPERATION	OPTIONS	OBJECT_NAME	POSITION
SELECT			
STATEMENT			
SORT	AGGREGATE		1
CONCATENATION			1
INDEX	RANGE SCAN	V1	1
INDEX	RANGE SCAN	V1	2
INDEX	RANGE SCAN	V1	3
INDEX	RANGE SCAN	V1	4

Ergebnis:

In den Spalten Operation und Options kann man ablesen, wie das Statement abgearbeitet wurde. Dabei zeigt sich, daß für jeden Vergleich eines Wertes aus der Liste mit der Tabellenspalte id_tsbatitelg4 der Index herangezogen wird.

Übersicht B-4: SELECT-Statements zum Zuordnen von Tablespaces, DB-Dateien und Festplatten

1.) Folgendes Statement ermittelt, welchen Default-Tablespace einem Datenbank-User zugeordnet ist. Die Ausgabe wird zunächst formatiert.

```
column username format a12
column user_id heading UID
column user_id format 999
column default_tablespace heading Default_TS
column default_tablespace format a15
column temporary_tablespace heading Temp_TS
column temporary_tablespace format a12
column profile format a12
```

```
select username, default_tablespace, temporary_tablespace, profile from dba_users;
```

USERNAME	Default_TS	Temp_TS	PROFILE
SYS	SYSTEM	TEMP	DEFAULT
SYSTEM	TOOLS	TEMP	DEFAULT
SCOTT	SYSTEM	SYSTEM	DEFAULT
NETMAN	SYSTEM	SYSTEM	DEFAULT
BROWSER	SYSTEM	SYSTEM	DEFAULT
DEVELOP	USERS	TEMP	DEFAULT
INGO	USERS	TEMP	DEFAULT
WWW_DBA	SYSTEM	SYSTEM	DEFAULT
GUEST	GUEST	TEMP	DEFAULT
GREBNER	USERS	TEMP	DEFAULT
TEST	USERS	TEMP	DEFAULT
BESTELL	USERS	TEMP	DEFAULT
ADMIN	SYSTEM	SYSTEM	DEFAULT
WWW_USER	USERS	TEMP	DEFAULT
MANFRED	USERS	TEMP	DEFAULT

2.) Folgende Abfrage ermittelt (nach einer Ausgabeformatierung) die Zuordnung von Tablespace und Datendatei (incl. Dateipfad):

```
column tablespace_name format a12
column Filename format a45
```

```
select ts.tablespace_name,
    ts.status,
    v$.name Filename,
    v$.enabled
from dba_tablespaces ts, v$datafile v$, dba_data_files df
where ts.tablespace_name = df.tablespace_name
and v$.file# = df.file_id;
```

```
TABLESPACE_N STATUS    FILENAME                                            ENABLED
------------ --------  --------------------------------------------------  ----------
GUEST        ONLINE    /export/db2/guestSTAT.dbf                           READ WRITE
RBS          ONLINE    /opt/oracle/dbs/rbsSTAT.dbf                         READ WRITE
RBS          ONLINE    /export/db/oracle_data/rbsSTAT_2.dbf                READ WRITE
RBS          ONLINE    /export/db/oracle_data/rbsSTAT_3.dbf                READ WRITE
SYSTEM       ONLINE    /opt/oracle/dbs/systSTAT.dbf                        READ WRITE
TEMP         ONLINE    /opt/oracle/dbs/tempSTAT.dbf                        READ WRITE
TEMP         ONLINE    /export/db/oracle_data/tempSTAT_2.dbf               READ WRITE
TEMP         ONLINE    /export/db/oracle_data/tempSTAT_3.dbf               READ WRITE
TEMP         ONLINE    /export/db/oracle_data/tempSTAT_5.dbf               READ WRITE
TEMP         ONLINE    /opt2/oracle_data_3/tempSTAT_6.dbf                  READ WRITE
TEMP         ONLINE    /export/home/oracle_data_2/tempSTAT_4.dbf           READ WRITE
TOOLS        ONLINE    /opt/oracle/dbs/toolSTAT.dbf                        READ WRITE
USERS        ONLINE    /opt/oracle/dbs/usrSTAT.dbf                         READ WRITE
USERS        ONLINE    /export/db2/usrSTAT_5.dbf                           READ WRITE
USERS        ONLINE    /export/db3/usrSTAT_7.dbf                           READ WRITE
USERS        ONLINE    /export/db2/usrSTAT_6.dbf                           READ WRITE
USERS        ONLINE    /export/db/oracle_data/usrSTAT_3.dbf                READ WRITE
USERS        ONLINE    /export/db/oracle_data/usrSTAT_4.dbf                READ WRITE
USERS        ONLINE    /export/db/oracle_data/usrSTAT_2.dbf                READ WRITE
```

3.) Auf UNIX-Ebene wird nun die Zuordnung von Dateipfaden zu physischen Laufwerken erfragt:

```
delphi% df -k
Filesystem            kbytes      used    avail  capacity  Mounted on
/dev/dsk/c0t3d0s0     117167     30915    74542     29%    /
/dev/dsk/c0t3d0s6     219183    189672     7601     96%    /usr
/proc                      0         0        0      0%    /proc
fd                         0         0        0      0%    /dev/fd
swap                   83900        36    83864      0%    /tmp
/dev/dsk/c0t3d0s3      19183      6582    10691     38%    /export
/dev/dsk/c0t2d0s6    1952573   1746939    10384     99%    /export/db
/dev/dsk/c0t1d0s0     963662    863953     3349    100%    /opt
/dev/dsk/c0t3d0s7      96455     51282    35533     59%    /export/home
/dev/dsk/c0t3d0s5     387383    334645    14008     96%    /opt2
/dev/dsk/c0t5d0s0     985456    788593    98323     89%    /export/home/stoe
/dev/dsk/c0t0d0s0     492782      7238   436274      2%    /export/home/www
/dev/dsk/c0t5d0s1    2953208   2581809    76079     97%    /export/db2
/dev/dsk/c0t0d0s1    3498881   2049025  1099976     65%    /export/db3
wi02:/+shared          16384     12352     4032     75%    /net/wi02/+shared
wi02:/export/home0   4194304    842640  3351664     20%    /net/wi02/export/home0
wi02:/export/data0   4194304   2930260  1264044     70%    /net/wi02/export/data0
wi02:/var/spool/mail   73728     53112    20616     72%
/net/wi02/var/spool/mail
```

Aus diesen Tabellen läßt sich z.B. ablesen:

1. Der USER WWW_USER verwendet als Default-Tablespace USERS, dieser ist in DB-Dateien unterhalb der Pfaden /opt/oracle, /export/db, /export/db2 und /export/db3 gespeichert.

2. Der USER GUEST verwendet als Default-Tablespace GUEST, dieser ist in der DB-Datei im Pfad /export/db2.

Damit verwenden beide User z.B. die DB-Datei im Pfad /export/db2, d.h. sie eignen sich nicht, um sicher zu stellen, daß Index und Tabellen auf verschiedenen Festplatten gespeichert werden. Es lassen sich auch sonst keine zwei User finden, bei denen Daten garantiert auf disjunkten Festplatten gespeichert werden können.

Wenn userübergreifende Indizes erstellt werden sollen, müssen mittels entsprechender GRANT-Befehle (DCL) die Rechte zum Erstellen jedes (userübergreifenden) Indexes sowie das entsprechende Leserecht auf den Index vergeben werden. Darüber hinaus muß der benötigte Speicherbedarf allokiert werden können.

Übersicht B-5: SELECT-Statements zum Ermitteln des Speicherbedarfs von Tabellen

Nachfolgende Abfragen dienen zur Bestimmung der Speicherparameter der SBA-Tabellen.

1.) Anzahl der Zeilen:
```
select count(*) from tsbabereich;
  COUNT(*)
----------
        20
```

```
select count(*) from tsbaklassg1;
  COUNT(*)
----------
       102
```

```
select count(*) from tsbaklassg2;
  COUNT(*)
----------
        92
```

2.) Durchschnittl. Spaltenbreite:
```
select avg(nvl(vsize(id_tsbabereich), 0)) +
    avg(nvl(vsize(bereich), 0)) Laenge from tsbabereich;
    LAENGE
----------
        23
```

```
select avg(nvl(vsize(id_tsbaklassg1), 0)) +
    avg(nvl(vsize(klassg1), 0)) Laenge from tsbaklassg1;
    LAENGE
----------
35,4215686
```

```
select avg(nvl(vsize(id_tsbaklassg2), 0)) +
    avg(nvl(vsize(klassg2), 0)) Laenge from tsbaklassg2;
    LAENGE
----------
36,1195652
```

Die hier ermittelten Zahlen wurden zur Berechnung des Speicherbedarfs in entsprechende Exceltabellen eingetragen. Ein Auszug aus diesen Exceltabellen mit den hier ermittelten Zahlen befindet sich in Abb A-55.

Übersicht B-6: Zeitmessung von SQL-Statements

In der ORACLE-spezifischen SQL*PLUS-Umgebung kann die Gesamtzeit eines SQL-Statements mit dem SET TIMING ON Befehls angezeigt werden. Der SET TIMING ON Befehl zeigt nach der Ausführung eines SQL-Statements die dafür benötigte Zeit in der Form „Elapsed: hh:mm:ss,zh" an, wobei z und h die zehntel und hunderstel Sekunden angibt.

Allgemein wurde jede Messung fünf Mal durchgeführt, um Schwankungen auszugleichen. Da nach der ersten Ausführung eines Statements die benötigten Tabellen- und Indexdaten noch in Datenbankpuffer, Betriebssystem- und Festplattencache zwischengespeichert sind, sind alle folgenden Zeitwerte i.d.R kleiner. Bei Zusammenfassungen der Ergebnisse wurde aus diesem Grund der erste Zeitwert nicht einbezogen.

Die Aufbereitung der Ausgabe von SQL-Statements kann die Gesamtzeit z.T. erheblich beeinflussen. Diese Zeit kann z.b. durch Formatierung der Ausgabe innerhalb von SQL*PLUS (mit column-Befehlen, vgl. Übersicht B-4) verkürzt werden. Bei den Zeitmessungen ist aber nur die Zeit für die Abfrage selbst von Interesse, da sie später in PL/SQL-Prozeduren implementiert sind und nicht direkt ausgegeben werden. Durch Verwendung der COUNT(*) Funktion wurde daher bei den Zeitmessungen die Aufbereitung der Ausgabe minimiert.

Beispiel für eine Zeitmessung:

```
SET TIMING ON

select count(*) from sbasws
  where sw like 'sch%';
  COUNT (*)
----------
      6660
```

Angabe der Zeitwerte von direkt nacheinander durchgeführten Messungen:

```
Elapsed: 00:00:00.17
Elapsed: 00:00:00.08
Elapsed: 00:00:00.08
Elapsed: 00:00:00.08
Elapsed: 00:00:00.08
```

Übersicht B-7: Beispiel für ein HTML-Template

Die von den verschiedenen HTTP-Servern verwendete Syntax von HTML-Templates ist nicht standardisiert, aber doch sehr ähnlich. Nachfolgend ein vom Internet Database Connector (IDC) des Microsoft Internet Information Server (IIS) verwendetes HTML-Template (frei nach [ASGOWE98] S. 127 ff., angepaßt auf die Zeitreihenanwendung):

```
<HTML>
<HEAD>
<TITLE>Abfrageergebnis </TITLE>
</HEAD>
<BODY>
<H1> Zeitreihendaten:</H1>
<%zeitreihentitel%>

<%if CurrentRecord EQ 0 %>
<B>Zu dieser Zeitreihe sind keine Daten vorhanden! </B>
<%else%>
<TABLE>
<TR><TH>Jahr</TH><TH>Wert</TH></TR>
<%begindetail%>
<TR><TD><%jahr%></TD><TD><%wert%></TD></TR>
<%enddetail%>
</TABLE>
<%endif%>

<HR>
</BODY>
</HTML>
```

Dieses Template könnte von folgenden zwei SQL-Statements mit Daten gefüllt werden:

SELECT zeitreihentitel FROM Zeitreihe WHERE id_zeitreihe = 1234;
SELECT jahr, wert FROM Zeitreihendaten WHERE id_zeitreihe = 1234;

Die Variable %zeitreihetitel% im Template wird durch den zeitreihentitel aus der ersten Abfrage ersetzt. Für das zweite Statement wird zunächst geprüft, ob überhaupt Daten selektiert wurden (<%if CurrentRecord EQ 0 %>). Sind Daten vorhanden, so wird der Einlesebereich der Ergebnisdaten durch die Befehle <%begindetail%> und <%enddetail%> abgegrenzt. Durch diese Befehle wird das Einlesen mehrerer Abfrageergebnisse in eine Templatedatei überhaupt erst ermöglicht.

Übersicht B-8: Beispiele zu PL/SQL-Prozeduren mit Ergebnisausgabe im HTML-Format

Nachfolgendes PL/SQL-Programm erzeugt eine Prozedur, die alle KG-Bezeichnungen entsprechend den Eintragungen der Ergebnistabelle eines bestimmten Users (UserId: übergebene Variable eU) in Listenform (Baum) als Hyperlink ausgibt. Dabei wird die Ergebnistabelle des Users mit der Gesamttabelle des Baumes verglichen. Je nach Eintragungen wird der Ergebnisbaum in den einzelnen Ebenen durch Aufruf der Unterprozedur KlassG2Anz_proc(...) weiter aufgeklappt.

```
CREATE OR REPLACE PROCEDURE KlassG1Anz_proc (eU IN NUMBER, eB IN
NUMBER) IS

CURSOR SegK1Anz_cur IS
  SELECT seg.id_sbaklassg1, k1.klassg1 FROM SBASegment seg, SBAKlassG1 k1
    WHERE seg.id_sbabereich = eB
    AND seg.id_sbaklassg1 = k1.id_sbaklassg1
    GROUP BY seg.id_sbaklassg1, k1.klassg1
    ORDER BY seg.id_sbaklassg1;

CURSOR SegAnz_cur IS
  SELECT id_sbasegmtext, segmbundnr FROM SBASegment
    WHERE id_sbabereich = eB
    AND id_sbaklassg1 IS NULL
    GROUP BY id_sbasegmtext, segmbundnr
    ORDER BY id_sbasegmtext;

CURSOR Ue1K1Anz_cur IS
  SELECT k1 FROM SBAUebersicht1
    WHERE UserId = eU
    AND b = eB
    GROUP BY k1
    ORDER BY k1;

  sk1  SBASegment.id_sbaklassg1%TYPE;
  kk1  SBAKlassG1.klassg1%TYPE;
  ue1  SBAUebersicht1%ROWTYPE;
  seg  SBASegment%ROWTYPE;

BEGIN
  htp.dlistOpen;                  -- <DL>
  OPEN SegK1Anz_cur;              -- Selektieren der KlassG1
  OPEN Ue1K1Anz_cur;             -- Selektieren der aufzuklappenden KlassG1
  OPEN SegAnz_cur;               -- Selektieren der Segmente bei denen
                                        KlassG1 IS NULL
```

```
FETCH Ue1K1Anz_cur INTO ue1.k1;
LOOP
  FETCH SegK1Anz_cur INTO sk1, kk1;
  EXIT WHEN SegK1Anz_cur%NOTFOUND;
                            -- Ausgabe eines KlassG1
  htp.dlistDef(htf.img('/icon/dot-blue.gif', NULL, NULL, NULL, 'HEIGHT=10
WIDTH=10'));
  htp.anchor('/ows-bin/owa/Uebers1Anz_proc?eUi=' || eU || '&' ||'eBi=' || eB || '&' ||
      'eK1i=' || sk1, kk1);
  htp.br;
                            -- Vergleichen des gerade bearbeiteten
KlassG1
                            -- mit den aufzuklappenden KlassG1
  WHILE Ue1K1Anz_cur%ISOPEN AND ue1.k1 < sk1
  LOOP
    FETCH Ue1K1Anz_cur INTO ue1.k1;
    IF Ue1K1Anz_cur%NOTFOUND THEN
      CLOSE Ue1K1Anz_cur;
      EXIT;
    END IF;
  END LOOP;
  IF Ue1K1Anz_cur%ISOPEN AND ue1.k1 = sk1 THEN
    KlassG2Anz_proc(eU, eB, ue1.k1);        -- Aufklappen des KlassG1 in ue1.k1
  END IF;
END LOOP;
CLOSE SegK1Anz_cur;
LOOP                              -- Ausgabe der Segmente, bei denen KlassG1
IS NULL
  FETCH SegAnz_cur INTO seg.id_sbasegmtext, seg.segmbundnr;
  EXIT WHEN SegAnz_cur%NOTFOUND;
  SegmAnz_proc(eU, seg.id_sbasegmtext, seg.segmbundnr);
END LOOP;
CLOSE SegAnz_cur;
htp.dlistClose;                      -- </DL>
END;
/
```

Versuch C-1: Performancegewinn durch Clusterung

Ausgangspunkt:

Die Tabelle SBASWS (= enthält die anzuzeigenden Gliederungsebenen zu bestimmten Schlagwörtern auf Segmentebene, vgl. Abb. A-51 und A-52) wurde als einfache Tabelle und als Indexcluster (Bezeichnung: SBASWS_C1) gespeichert.

Versuchsablauf:

Unter Verwendung des SET TIMING ON Befehls (vgl. Übersicht B-6) wurden (a) für zwei Abfragen die Antwortzeiten gemessen. Anschließend wurden (b) wesentliche Informationen über die Struktur der Daten ermittelt (= Anzahl an Datenzeilen zu den Clusterschlüsseln dieser Abfrage, die weit vom berechneten Mittelwert (15) abweichen).

1a.) Abfrage 1:

```
select count(*) from sbasws
  where sw like 'sch%';

  COUNT (*)
----------
      6660

Elapsed: 00:00:00.17
Elapsed: 00:00:00.08
Elapsed: 00:00:00.08
Elapsed: 00:00:00.08
Elapsed: 00:00:00.08
```

```
select count(*) from sbasws_c1
  where sw like 'sch%';

  COUNT (*)
----------
      6660

Elapsed: 00:00:00.63
Elapsed: 00:00:00.64
Elapsed: 00:00:00.60
Elapsed: 00:00:00.60
Elapsed: 00:00:00.60
```

1b.) Struktur der Daten aus der 1. Abfrage:

```
select sw, count(*) from sbasws
  where sw like 'sch%'
  group by sw
  having count(*) = 1;
```

```
115 rows selected.
```

```
select sw, count(*) from sbasws
  where sw like 'sch%'
  group by sw
  having count(*) = 2;
```

```
115 rows selected.
```

```
select sw, count(*) from sbasws
  where sw like 'sch%'
  group by sw
  having count(*) = 3;
```

```
190 rows selected.
```

```
select sw, count(*) from sbasws
  where sw like 'sch%'
  group by sw
  having count(*) = 4;
```

```
28 rows selected.
```

```
select sw, count(*) from sbasws
  where sw like 'sch%'
  group by sw
  having count(*) > 60;
```

SW	COUNT(*)
schaelmuehlen	126
schiefer	123
schienenfahrzeugbau	478
schienenfahrzeugen	64
schiffahrt	70
schiffbau	474
schlachthaeuser	216
schlachthoefe	119
schleifmitteln	152
schleswig	61
schloessern	145
schmalzsiedereien	90
schmelzkaese	124
schmiede	146
schmuck	271
schmucksteinen	112
schneidwaren	130
schnitz	115
schreibwaren	160
schuhe	110
schuhen	303
schw.	129
schweden	68
schweiz	70
schwermetallhuetten	115

25 rows selected.

2a.) Abfrage 2:

```
select count(*) from sbasws
    where sw like 'erwerb%' or sw like 'arbeit%'
    or sw like 'ent%' or sw like 'ern%'
    or sw like 'fa%' or sw like 'fru%';

    COUNT(*)
----------
    5289

Elapsed: 00:00:00.12
Elapsed: 00:00:00.11
Elapsed: 00:00:00.11
Elapsed: 00:00:00.12
Elapsed: 00:00:00.11

select count(*) from sbasws_c1
    where sw like 'erwerb%' or sw like 'arbeit%'
    or sw like 'ent%' or sw like 'ern%'
    or sw like 'fa%' or sw like 'fru%';

    COUNT(*)
----------
    5289

Elapsed: 00:00:00.11
Elapsed: 00:00:00.11
Elapsed: 00:00:00.11
Elapsed: 00:00:00.11
Elapsed: 00:00:00.11
```

2b.) Struktur der Daten aus Abfrage 2:

```
select sw, count(*) from sbasws
    where sw like 'erwerb%' or sw like 'arbeit%'
    or sw like 'ent%' or sw like 'ern%'
    or sw like 'fa%' or sw like 'fru%'
    group by sw
    having count (*) =1;

66 rows selected.

select sw, count(*) from sbasws
    where sw like 'erwerb%' or sw like 'arbeit%'
    or sw like 'ent%' or sw like 'ern%'
    or sw like 'fa%' or sw like 'fru%'
    group by sw
    having count (*) =2;

68 rows selected.
```

```
select sw, count(*) from sbasws
  where sw like 'erwerb%' or sw like 'arbeit%'
    or sw like 'ent%' or sw like 'ern%'
    or sw like 'fa%' or sw like 'fru%'
  group by sw
  having count (*) =3;
```

78 rows selected.

```
select sw, count(*) from sbasws
  where sw like 'erwerb%' or sw like 'arbeit%'
    or sw like 'ent%' or sw like 'ern%'
    or sw like 'fa%' or sw like 'fru%'
  group by sw
  having count (*) =4;
```

14 rows selected.

```
select sw, count(*) from sbasws
  where sw like 'erwerb%' or sw like 'arbeit%'
    or sw like 'ent%' or sw like 'ern%'
    or sw like 'fa%' or sw like 'fru%'
  group by sw
  having count (*) > 60;
```

```
SW                                                    COUNT(*)
----------------------------------------------------- ----------
arbeit                                                      77
arbeiter                                                   172
arbeitnehmer                                               103
arbeits                                                    142
ernaehrungsgewerbe                                         351
erwerbstätigkeit                                           103
erwerbszweck                                                93
fachliche                                                  128
fahrradteilen                                              122
fahrraedern                                                177
familienstand                                               76
fasern                                                     132
frueheres                                                  809
```

13 rows selected.

Zusammenstellung der Ergebnisse:

1.) Abfragezeiten[1]:

	ohne Cluster	mit Cluster	Ergebnis
Abfrage 1:	0,08	0,61	6660
Abfrage 2:	0,11	0,11	5289

2.) Datenstrukturen:
a) Allgemein:

Anz. Datensätze je Schlagwort:	1	2	3	4	> 60
Abfrage 1:	115	115	190	28	25
Abfrage 2:	66	68	78	14	13

b) Auswertung der Datensätzen mit > 60 Einträgen je Clusterschlüssel (Schlagwort):

	Anzahl:	Mittelwert	Max	Min	Std.abw.	Varianz
Abfrage 1:	25	158,9	478	61	109,7	12.035
Abfrage 2:	13	191,2	809	76	191,0	36.461

Zusammenfassung:

Die Messung der Abfragezeiten zeigt, daß beim vorliegenden Datenbestand die Clusterung nicht nur keinen Vorteil brachte, sondern sogar zu erheblichen Performance-Nachteilen führen kann (Abfrage 1).

Aus den Auswertungen für die Berechnung der Speicherstruktur des Indexclusters ergab sich ein Mittelwert von 15 Datensätzen je Clusterschlüssel. Die Auswertungen der Speicherstrukturen zeigen, daß die Ergebnisse beider Abfragen stark um dieses Mittel streuen.

Um zu klären, warum die Abfrage 1 am geclusterten Datenbestand wesentlich länger dauerte, als am „normal" gespeicherten Datenbestand müßte untersucht werden, wie die Daten tatsächlich auf die Datenblöcke verteilt wurden. So wurde z.B. angenommen, daß jeder Datensatz zu einem Clusterschlüssel im Mittel 14,3 Bytes lang ist (vgl. Abb. A-57). Weiter wurde angenommen, daß drei Clusterschlüssel mit ihren Daten in einen Block passen, wobei dann jeder Gesamtsatz ca. 610 Bytes groß sein darf (Abb. A-57: verfügb. Datensp. je Block (= 1830 B) / Anz. Clusterschlüssel je Block (= 3)). Nicht zuletzt ist noch ungewiß, ob das Aufrunden des Gesamtspeicherbedarfs wegend der hohen Steuung der Satzlänge eines Clusterschlüssels auf 15 MB sinnvoll war.

---

[1] Bei der Zusammenstellung von Abfragezeiten wurden Mittelwerte der Meßzeiten ohne Einbezug des ersten Wertes errechnet (vgl. B-6).

Versuch C-2: Ersetzung von Mengenvergleichen mit Jokern durch Listenvergleiche oder Gleichheitsbeziehungen

Ausgangspunkt:

1.) In der Zeitreihenanwendung wird die Schlagwortsuche auf einzelne Wörter heruntergebrochen. Es sollen die (performancebedingten) Kosten dieser Vorgehensweise ermittelt werden.
2.) Gem. [ORACLE93a] S. 13-12 werden Listenvergleiche vom Optimizer in Gleichheitsbeziehungen umgewandelt. Es soll ermittelt werden, ob die Vorgabe von solchen Gleicheitsprädikaten statt Listenprädikaten (für den Rahmen der dynamischen SQL-Erstellung in der Anwendung) Performancevorteile bringt.

Versuchsablauf:

Es wird der typische Verlauf einer Abfrage gemäß der Zeitreihenanwendung über einzelne SELECT-Statements nachvollzogen. Als Suchbegriff wurde das Wort „Aktien" eingegeben. In der Anwendung sind alle Schlagwörter einheitlich klein gespeichert, d.h. der Suchbegriff wird für die Suche entsprechend abgewandelt. Weiter wird jeder Suchbegriff mit einem Joker am Ende versehen. Gesucht wird als nach „aktien%". Teil A bezieht sich nur auf das eingegebene Suchwort, während bei Teil B zusätzliche aus den Tabellen zur Metasuchhilfe gefundene Wörter ergänzt wurden.

Genauere Beschreibungen der verwendeten Tabelle sind in Abb. A-51 und A-52 zu finden.

Teil A:

1.) Es werden in der Tabelle SBASWUnique alle Wörter zum Suchbegriff unter Verwendung des Jokers herausgesucht. (Zeitmessung aber mit COUNT(*)!)
2.) Aus den gefundenen Schlagwörtern wird ein Statement mit Listenvergleich erstellt, welches die ca. 800.000 Einträge umfassende Tabelle SBASWZ (Ergebnisse zu Schlagwörtern auf Zeitreihenebene) durchsucht. (Zeitmessung)
3.) Der Listenvergleich aus dem Statement aus 2.) wird als über OR verknüpfte Gleichheitsprädikate umformuliert. (Zeitmessung)
4.) Zum Vergleich wird Tabelle SBASWZ direkt mit Jokerverwendung durchsucht. (Zeitmessung)

zu 1.)
select sw from SBASWUnique where sw like 'aktien%';

```
SW
-----------------------------------------------------
aktien
aktiengesellschaften
aktienkurse
aktienmärkte
aktienrechtliche
aktienrechtlicher
```

select count(*) from SBASWUnique where sw like 'aktien%';

```
COUNT (*)
----------
        6
```

```
Elapsed: 00:00:00.37
Elapsed: 00:00:00.23
Elapsed: 00:00:00.23
Elapsed: 00:00:00.24
Elapsed: 00:00:00.23
```

zu 2.)

select count(*) from sbaswz where sw in ('aktien',
  'aktiengesellschaften', 'aktienkurse', 'aktienmärkte',
  'aktienrechtliche', 'aktienrechtlicher');

```
COUNT (*)
----------
       73
```

```
Elapsed: 00:00:29.99
Elapsed: 00:00:29.97
Elapsed: 00:00:29.98
Elapsed: 00:00:29.97
Elapsed: 00:00:29.99
```

zu 3.)

select count(*) from sbaswz where sw = 'aktien'
  or sw = 'aktiengesellschaften'
  or sw = 'aktienkurse'
  or sw = 'aktienmärkte'
  or sw = 'aktienrechtliche'
  or sw = 'aktienrechtlicher';

```
COUNT (*)
----------
       73
```

```
Elapsed: 00:00:30.14
Elapsed: 00:00:30.10
Elapsed: 00:00:30.21
Elapsed: 00:00:30.09
Elapsed: 00:00:30.08
```

zu 4.)
select count(*) from sbaswz where sw like 'aktien%';

```
COUNT ( * )
- - - - - - - - - -
        73
```

```
Elapsed: 00:00:15.93
Elapsed: 00:00:15.89
Elapsed: 00:00:15.87
Elapsed: 00:00:15.87
Elapsed: 00:00:15.88
```

Teil B:
1.) Es werden aus den Tabellen SBAAbkUml, SBAThes und SBAGlobal ggf. vorhandene Abkürzungsersetzungen oder Wörter mit Umlauten, Synonyme oder thematisch ähnliche Wörter herausgesucht. (Zeitmessung aber mit COUNT(*))
2.) Aus diesen Wörtern wird ein SELECT-Statement mit Listenvergleich über alle gefundenen Wörter erstellt, mit dem die Tabelle SBASWZ durchsucht wird. (Zeitmessung)
3.) Der Listenvergleich aus dem Statement aus 2.) wird als über OR verknüpfte Gleichheitsprädikate umformuliert. (Zeitmessung)
4.) Als Vergleich wird dasselbe Statement in der Form erstellt, daß nur solche Wörter, die nicht über den Joker gefunden werden können, als gesondertes Prädikat im Listenvergleich (a) bzw. über Gleichheitsvergleiche (b) gesucht werden. (Zeitmessung)

zu 1.)
select swersatz from sbaabkuml where sw like 'aktien%';

```
SWERSATZ
- - - - - - - - - - - - - - - - - - - - - - - - - - - - - - - - - - - - - - - - - - - - - - - - - -
aktienmaerkte
```

select count(*) from sbaabkuml where swersatz like 'aktien%';

```
COUNT ( * )
- - - - - - - - - -
         1
```

```
Elapsed: 00:00:00.03
Elapsed: 00:00:00.01
Elapsed: 00:00:00.01
```

```
select sw from sbathes where swsyn like 'aktien%';

SW
- - - - - - - - - - - - - - - - - - - - - - - - - - - - - - - - - - - - - - - - - - - - - - - - - - -
ag
ag
ausschuett.
ausschuett.
ausschuettungen

select count(*) from sbathes where swsyn like 'aktien%';

   COUNT(*)
- - - - - - - - - -
          5

Elapsed: 00:00:00.03
Elapsed: 00:00:00.01
Elapsed: 00:00:00.01

select sw from sbaglobal where swglobal like 'aktien%';

no rows selected

select count(*) from sbaglobal where swglobal like 'aktien%';

   COUNT(*)
- - - - - - - - - -
          0

Elapsed: 00:00:01.63
Elapsed: 00:00:01.61
Elapsed: 00:00:01.62
```

zu 2.)

```
select count(*) from sbaswz where sw in ('aktien',
    'aktiengesellschaften', 'aktienkurse', 'aktienmärkte',
    'aktienrechtliche', 'aktienrechtlicher',
    'ag', 'ausschuett.', 'ausschuettungen', 'aktienmaerkte');

   COUNT(*)
- - - - - - - - - -
        171

Elapsed: 00:00:38.43
Elapsed: 00:00:38.37
Elapsed: 00:00:38.56
Elapsed: 00:00:38.52
Elapsed: 00:00:38.43
```

zu 3.)

```
select count(*) from sbaswz where sw = 'aktien'
    or sw = 'aktiengesellschaften'
    or sw = 'aktienkurse'
    or sw = 'aktienmärkte'
    or sw = 'aktienrechtliche'
    or sw = 'aktienrechtlicher'
    or sw = 'ag'
    or sw = 'ausschuett.'
    or sw = 'ausschuettungen'
    or sw = 'aktienmaerkte';
```

```
  COUNT (*)
----------
       171


Elapsed: 00:00:38.79
Elapsed: 00:00:38.77
Elapsed: 00:00:38.88
Elapsed: 00:00:38.80
Elapsed: 00:00:38.90
```

zu 4.)

a) Mit Listenvergleichen:

```
select count(*) from sbaswz where sw like 'aktien%'
    or sw in ('ag', 'ausschuett.', 'ausschuettungen');
```

```
  COUNT (*)
----------
       171


Elapsed: 00:00:25.30
Elapsed: 00:00:24.71
Elapsed: 00:00:24.67
Elapsed: 00:00:24.65
Elapsed: 00:00:24.67
```

b) Mit Gleichheitsprädikaten:

select count(*) from sbaswz where sw like 'aktien%'
    or sw = 'ag'
    or sw = 'ausschuett.'
    or sw = 'ausschuettungen';

```
COUNT ( * )
- - - - - - - - - -
    171
```

```
Elapsed:  00:00:24.62
Elapsed:  00:00:24.58
Elapsed:  00:00:24.54
Elapsed:  00:00:24.55
Elapsed:  00:00:24.54
```

Ergebniszusammenstellung:

Teil A:	Mittelwerte:
Heraussuchen des Wortes:	0,23
Listenvergleich:	29,98
Gleichheitsvergleich:	30,12
Jokerverwendung:	15,89

Teil B:	Mittelwerte
Listenvergleich:	38,46
Gleichheitsvergleich:	38,83
Jokerverw. (mit Liste):	24,80
Jokerverwendung (mit Gleichheitsprädikaten):	24,57

Auswertung:

Die für die Suche benötigte Zeit kann sich durch das Herunterbrechen auf einzelne Suchbegriffe verdoppeln, d.h. die Verwendung der Joker (Mengenvergleiche) ergibt eine wesentlich bessere Performance (ca. Faktor 2). Darüber hinaus bringt das Umformulieren von Listenvergleichen zu Gleichheitsprädikaten eher einen Zeitnachteil.

Versuch C-3: Einfluß der Reihenfolge verschiedener Prädikate in WHERE-Clauses auf die Performance

Ausgangspunkt:

Die Tabellen SBAZeitreihen und TSBAZeitreihen unterscheiden sich durch optimierte Vorgabe von Speicherparametern sowie optimale zeitliche Reihenfolge beim Anlegen von Indizes bei Tabelle SBAZeitreihen. An beide wurden identische Anfragen mit je zwei Prädikaten auf indizierte Attribute gestellt. Die Prädikate wurden einmal mit AND, einmal mit OR verknüpft und jeweils einmal in ihrer Reihenfolge vertauscht. Für alle Abfragen wurde die Antwortzeit gemessen.

Versuchsablauf:

Alle Abfragen wurden zuerst an eine einfach gespeicherte Tabelle (TSBAZeitreihe) und anschließend an eine bzgl. Indexreihenfolge und Speicherparameter optimierte Tabelle (SBAZeitreihe) gestellt. Die Prädikate lauten alle identisch auf den 5. Bereich (von 20) (id_...bereich = 5) sowie auf den 5000. TG4-Eintrag (von 12.388) (id_...titelg4 = 5000) von 298.499 Einträgen der Tabelle ...Zeitreihe insgesamt. Bei der AND-Verknüpfung der beiden Prädikate ergaben sich keine Treffer, mit OR verknüpft ergaben sich 10.196 Treffer. Die Prädikate wurden wie folgt angeordnet:

1.) Erst Bereichs-, dann TG4-Bedingung, AND-Verknüpfung.

2.) Erst TG4-, dann Bereichs-Bedingung, AND-Verknüpfung.

3.) Erst Bereichs-, dann TG4-Bedingung, OR-Verknüpfung.

4.) Erst TG4-, dann Bereichs-Bedingung, OR-Verknüpfung.

set timing on

zu 1.)
select count(*) from tsbazeitreihe where id_tsbabereich = 5 and id_tsbatitelg4 = 5000;

```
COUNT (*)
- - - - - - - - - -
        0

Elapsed: 00:00:00.50
Elapsed: 00:00:00.08
Elapsed: 00:00:00.08
Elapsed: 00:00:00.08
Elapsed: 00:00:00.08
```

select count(*) from sbazeitreihe where id_sbabereich = 5 and id_sbatitelg4 = 5000;

```
COUNT(*)
----------
         0
```

```
Elapsed: 00:00:00.25
Elapsed: 00:00:00.08
Elapsed: 00:00:00.09
Elapsed: 00:00:00.08
Elapsed: 00:00:00.08
```

zu 2.) Vertauschen der Prädikate:

select count(*) from tsbazeitreihe where id_tsbatitelg4 = 5000 and id_tsbabereich = 5;

```
COUNT(*)
----------
         0
```

```
Elapsed: 00:00:00.09
Elapsed: 00:00:00.08
Elapsed: 00:00:00.08
Elapsed: 00:00:00.08
Elapsed: 00:00:00.08
```

select count(*) from sbazeitreihe where id_sbatitelg4 = 5000 and id_sbabereich = 5;

```
COUNT(*)
----------
         0
```

```
Elapsed: 00:00:00.09
Elapsed: 00:00:00.08
Elapsed: 00:00:00.08
Elapsed: 00:00:00.08
Elapsed: 00:00:00.08
```

zu 3.) Verknüpfung über OR:

select count(*) from tsbazeitreihe where id_tsbabereich = 5 or id_tsbatitelg4 = 5000;

```
COUNT (*)
- - - - - - - - - -
     10196
```

```
Elapsed: 00:00:01.92
Elapsed: 00:00:01.44
Elapsed: 00:00:01.45
Elapsed: 00:00:01.45
Elapsed: 00:00:01.44
```

select count(*) from sbazeitreihe where id_sbabereich = 5 or id_sbatitelg4 = 5000;

```
COUNT (*)
- - - - - - - - - -
     10196
```

```
Elapsed: 00:00:01.43
Elapsed: 00:00:01.04
Elapsed: 00:00:01.03
Elapsed: 00:00:01.03
Elapsed: 00:00:01.03
```

zu 4.) Vertauschen der Prädikate:

select count(*) from tsbazeitreihe where id_tsbatitelg4 = 5000 or id_tsbabereich = 5;

```
COUNT (*)
- - - - - - - - - -
     10196
```

```
Elapsed: 00:00:01.36
Elapsed: 00:00:01.21
Elapsed: 00:00:01.21
Elapsed: 00:00:01.21
Elapsed: 00:00:01.21
```

select count(*) from sbazeitreihe where id_sbatitelg4 = 5000 or id_sbabereich = 5;

```
COUNT (*)
----------
    10196
```

```
Elapsed: 00:00:01.23
Elapsed: 00:00:00.85
Elapsed: 00:00:00.85
Elapsed: 00:00:00.85
Elapsed: 00:00:00.84
```

Zusammenfassung der Ergebniszeiten:
1.) AND-Verknüpfung:

Mittelwert d. Anfragezeiten	Tabelle		
Reihenfolge d. Prädikate \	SBAZeitreihe	TSBAZeitreihe	Gesamtergebnis
Bereich nach OR	0,08	0,08	0,08
Bereich vor OR	0,08	0,08	0,08
Gesamtergebnis	0,08	0,08	0,08

2.) OR-Verknüpfung:

Mittelwert d. Anfragezeiten	Tabelle		
Reihenfolge d. Prädikate \	SBAZeitreihe	TSBAZeitreihe	Gesamtergebnis
Bereich nach OR	0,85	1,21	1,03
Bereich vor OR	1,03	1,45	1,24
Gesamtergebnis	0,94	1,33	1,13

Auswertung:
Während bei AND-Verknüpfungen weder Reihenfolge der Prädikate, noch Reihenfolge der anzulegenden Indizes die Abfragezeiten beeinflussen, treten bei OR-Verknüpfungen in allen Fällen wesentlich größere Differenzen auf. Eine weitere Versuchsreihe mit Bedingungen auf dieselben Attribute, wobei aber eine Bedingung NULL ergibt, führte zu ähnlichen Ergebnissen. Es zeigt sich aber, daß die Reihenfolge der Prädikate bei OR-Verknüpfungen insgesamt den größten Einfluß auf die Abfragezeiten ausübt: Die Prädikate, die die Treffermenge am meisten einschränken, sollten vorne stehen. Wurde bei der Erstellung von SELECT-Statements hierauf nicht geachtet, so kann dieser Mangel durch die Reihenfolge des Index-Anlegens gemindert werden.

Versuch C-4: Optimierung von geschachtelten Statements

Ausgangspunkt

Das Attribut id_sbasegmtext ist sowohl in Tabelle SBASegment, als auch in Tabelle SBAZeitreihe gespeichert (vgl. Abb A-51 und A-52). Beide Tabellen sind über den Schlüssel id_sbasegment miteinander verknüpft. Abfrageziel sind nun einige Zeitreihentitel, die zu einer vorgegebenen Segmentbeschreibung (id_sbasegmtext = 82) gehören.

Teil A: Vermeidung von Subqueries durch Denormalisierung

Versuchsablauf

1.) Abfrage ohne Verwendung des in SBAZeitreihe gespeicherten Attributs id_sbasegmtext, also durch Nutzung der Verknüpfung in einem Subquery. Zeitmessung. Der Ausführungsplan zu diesem Statement befindet sich in Abb. A- 61.

2.) Abfrage unter Verwendung des redundant in SBAZeitreihe gespeicherten Attributs id_sbasegmtext. Zeitmessung.

zu 1.)
```
SELECT zr.id_sbatitelg2, t2.titelg2 FROM SBAZeitreihe zr, SBATitelG2 t2
    WHERE zr.id_sbatitelg2 = t2.id_sbaTitelg2
    AND zr.id_sbasegment IN
        (SELECT id_sbasegment FROM SBASegment WHERE id_sbasegmtext = 82)
    AND zr.id_sbatitelg1 = 1
    GROUP BY zr.id_sbatitelg2, t2.titelg2
    ORDER BY zr.id_sbatitelg2;
```

```
ID_T2 TITELG2
----- ---------------
  111 BESCHAEFTIGTE
      ARBEITNEHMER


Elapsed: 00:01:19.23
Elapsed: 00:01:13.30
Elapsed: 00:01:13.63
```

zu 2.)

```
SELECT zr.id_sbatitelg2, t2.titelg2 FROM SBAZeitreihe zr, SBATitelG2 t2
  WHERE zr.id_sbatitelg2 = t2.id_sbaTitelg2
    AND zr.id_sbasegmtext = 82
    AND zr.id_sbatitelg1 = 1
  GROUP BY zr.id_sbatitelg2, t2.titelg2
  ORDER BY zr.id_sbatitelg2;
```

```
ID_T2 TITELG2
----- ----------------

  111 BESCHAEFTIGTE
      ARBEITNEHMER

Elapsed: 00:00:01.42
Elapsed: 00:00:01.38
Elapsed: 00:00:01.39
```

Teil B: Verwendung von PL/SQL zur Formulierung von geschachtelten Abfragen

Versuchsablauf

3.) Der vom Optimizer ermittelte Ausführungsplan des geschachtelten Statements aus 1.) (vgl. Abb. A-61) wurde mittels PL/SQL nachprogrammiert. Zur Ausgabe des Abfrageergebnisses wurde das Programmpaket DBMS_OUTPUT genutzt, das Ausgaben aus PL/SQL-Programmen bis zu ca. 2 KB zuläßt. Nach dem Kompilieren der Prozedur wurde sie explizit gestartet und die Zeit gemessen.

Die Prozedur:

```
create or replace procedure sem1_proc(eineNr number) is
/* Cursor über den Join aus Zeitreihen- und entsprechender Titeltabellen */
cursor zr_cur (id_seg number) is
  SELECT zr.id_sbatitelg2, t2.titelg2
    FROM SBAZeitreihe zr, SBATitelG2 t2
    WHERE zr.id_sbatitelg2 = t2.id_sbaTitelg2
      AND zr.id_sbasegment = id_segment
      AND zr.id_sbatitelg1 = 1
    GROUP BY zr.id_sbatitelg2, t2.titelg2
    ORDER BY zr.id_sbatitelg2;
/* Cursor über die Segment-ID's zum gesuchten Segmenttext-ID (Subquery) */
cursor seg_cur is
  SELECT id_sbasegment
    FROM SBASegment
    WHERE id_sbasegmtext = eineNr;
begin
  dbms_output.enable;                            -- Ausgabe ermöglichen
  for seg_rec in seg_cur loop                    -- Schleife über den Join
    for zr_rec in zr_cur(seg_rec.id_sbasegment) loop-- Schleife über den Subquery
      dbms_output.put_line(zr_rec.titelg2);      -- Ausgabe des Ergebnisses
    end loop;
  end loop;
end;
/
```

Start der Prozedur über anonymen PL/SQL-Block mit Übergabe des zu suchenden Segmenttext-ID:

```
begin
sem1_proc(82);
end;
/
```

Ergebnisausgabe mit Zeiten:

```
BESCHAEFTIGTE ARBEITNEHMER

Elapsed: 00:00:01.93
Elapsed: 00:00:01.37
Elapsed: 00:00:01.36
```

Teil C: Verwendung von Dynamic SQL innerhalb PL/SQL

Versuchsablauf

4.) Das Statement aus 1.) wird aufgesplittet in a) den Subquery und b) den Join, wobei der Join durch Verwendung von Dynamic SQL um ein Prädikat ergänzt wird, und zwar um die aus dem Subquery erfragte Liste der zum gesuchten Segmenttext-ID gehörenden Segment-ID's. Auch hier erfolgt die Ergebnisausgabe über das DBMS_OUTPUT-Paket, die Prozedur wird nach dem Kompilieren explizit gestartet und die Zeit gemessen.

Die Prozedur:

```
create or replace procedure sem2_proc(eineNr number) is
/* Der Cursor zum Subquery */
cursor seg_cur is
  SELECT id_sbasegment
    FROM SBASegment
    WHERE id_sbasegmtext = eineNr;
string VARCHAR2(1900) := '(';          -- die Variable string erhält später das zu
                                       -- erstellende Dynamic SQL-Statement
curNr number;
curRows number;
idt number;
titel varchar2(50);
begin
  /* In der Schleife über die Subquery werden die gefundenen Segment-ID's in der
     Variablen string ergänzt */
  for seg_rec in seg_cur loop
    string := string || to_char(seg_rec.id_sbasegment) || ', ';
  end loop;
  /* Aufbereiten der Variablen string für das Statement */
  string := rtrim(string, ', ');
  string := string || ')';
```

```
/* Fallunterscheidung: Es wurden Segment-ID's gefunden ... */
if string != '()' then                    -- erstellen des Statements
  string := 'SELECT zr.id_sbatitelg2, t2.titelg2 ' ||
    'FROM SBAZeitreihe zr, SBATitelG2 t2 ' ||
    'WHERE zr.id_sbatitelg2 = t2.id_sbaTitelg2 ' ||
    ' AND zr.id_sbatitelg1 = 1 ' ||
    ' AND id_sbasegment IN ' ||
    || string ||
    ' GROUP BY zr.id_sbatitelg2, t2.titelg2 ' ||
    'ORDER BY zr.id_sbatitelg2 ';
  dbms_output.put_line(string);         -- erstellte Abfrage zur Kontrolle ausgeben
  curNr := dbms_sql.open_cursor;        -- Cursor über erstellte Abfrage öffnen
  dbms_sql.parse(curNr, string, dbms_sql.v7);    -- Statement parsen lassen
  dbms_sql.define_column(curNr, 1, idt);         -- Ausgabevariablen definieren
  dbms_sql.define_column(curNr, 2, titel, 50);
  curRows := dbms_sql.execute(curNr);   -- Statement ausführen
  /* Der Cursor wird per Schleife abgearbeitet */
  loop
    if dbms_sql.fetch_rows(curNr) > 0 THEN
      dbms_sql.column_value(curNr, 1, idt);
      dbms_sql.column_value(curNr, 2, titel);
      dbms_output.put_line(titel);
    else
      exit;
    end if;
  end loop;
else                                      -- Es wurden keine Segment-ID gefunden
  dbms_output.put_line('String enthält: ' || string);
end if;
end;
/
```

Start der Prozedur über anonymen PL/SQL-Block mit Übergabe des zu suchenden Segmenttext-ID:

```
begin
sem2_proc(82);
end;
/
```

Ergebnisausgabe mit Zeiten:

```
SELECT zr.id_sbatitelg2, t2.titelg2 FROM SBAZeitreihe zr,
SBATitelG2 t2 WHERE zr.id_sbatitelg2 = t2.id_
sbaTitelg2   AND zr.id_sbatitelg1 = 1    AND id_sbasegment IN
(256) GROUP BY zr.id_sbatitelg2,
t2.titelg2 ORDER BY zr.id_sbatitelg2

BESCHAEFTIGTE ARBEITNEHMER

Elapsed: 00:00:01.62
Elapsed: 00:00:01.39
Elapsed: 00:00:01.39
```

Ergebnis der 4 Statements aus A - C:
Die verschiedenen Ersatzmöglichkeiten für Subqueries haben die Abfragezeiten gleichermaßen um ca. den Faktor 50 eingeschränkt.

Versuch C-5: Performanceuntersuchung eines DB-Gateways in Perl

Ausgangspunkt:

Es wurde nachfolgendes Perlprogramm (heißt: v_time.pl%) erstellt, welches eine Verbindung zur SQL*PLUS-Schnittstelle der DB aufbaut, ein Statement abschickt, hierfür die Zeit mißt und anschließend die DB-Verbindung wieder schließt. Der Ergebnisstream wird um Statuszeilen bereinigt ausgegeben.

```
#!/opt/perl/perl

$dboutzeile = "";      # Variable für Ergebnisstream der DB

# Verbindungsaufbau zur DB, Ausführen eines Statements, alle Statuszeilen vom
# connect- und disconnect werden „aussortiert", Verbindungsabbbau:
open(DBTEST, "sqlplus www_user/www_user <<!
  set timing on
  select count(*) from sbaergebnis1 where userid = 70;
  quit;
  !|") || die "cannot open sqlplus process: $!\n";
  @dbinssegm = &dbErgebnAufbereiten(<DBTEST>);
close (DBTEST);

# Jede Ergebniszeile wird ausgegeben:
foreach $dboutzeile (@dbinssegm) {
  print "in Zeile steht: $dboutzeile !\n";
}

# Unterprozedur zum Abschneiden von connect und disconnect-Zeilen:
sub dbErgebnAufbereiten {
  for ($i=1; $i<=3; $i++) {
    pop(@_);
  }
  for ($i=1; $i<=12; $i++) {
    shift(@_);
  }
  @_;
}
```

Durchführung (A):

Das Programm wurde aus der UNIX-Shell heraus mit dem timex-Befehl gestartet. Dieser gibt die für das Programm benötigte Gesamtlaufzeit (1. Wert) an. Innerhalb des Programms wird nach dem DB-Abfrageergebnis die für das SQL-Statement benötigte Zeit ausgegeben.

```
delphi% timex v_time.pl%
in Zeile steht:    COUNT(*)
in Zeile steht: ----------
in Zeile steht:         0
in Zeile steht:
in Zeile steht: Elapsed: 00:00:00.60
real       2.21
user       0.39
sys        0.52
```

Ergebnis (A):

Die Zeit für die Ausführung des SQL-Statements betrug ca. 0,6 sek., die Restlaufzeit des Programms betrug ca. 1,6 sek.

Durchführung (B):

Dasselbe Programm wurde im Anschluß noch zweimal mit Zeitmessung gestartet:

```
delphi% timex v_time.pl%
in Zeile steht:    COUNT(*)
in Zeile steht: ----------
in Zeile steht:         0
in Zeile steht:
in Zeile steht: Elapsed: 00:00:00.08
real       0.93
user       0.36
sys        0.47
```

```
delphi% timex v_time.pl%
in Zeile steht:    COUNT(*)
in Zeile steht: ----------
in Zeile steht:         0
in Zeile steht:
in Zeile steht: Elapsed: 00:00:00.05
real       0.80
user       0.15
sys        0.34
```

Ergebnis (B):

Die Zeit für das SQL-Statement betrug nur noch < 0,1 sek., der Rest des Programms benötigte nur noch ca. 0,8 sek.

Diplomarbeiten Agentur

Die Diplomarbeiten Agentur vermarktet seit 1996 erfolgreich
Wirtschaftsstudien, Diplomarbeiten, Magisterarbeiten, Dissertationen
und andere Studienabschlußarbeiten aller Fachbereiche und Hochschulen.

Seriosität, Professionalität und Exklusivität prägen unsere Leistungen:

- Kostenlose Aufnahme der Arbeiten in unser Lieferprogramm
- Faire Beteiligung an den Verkaufserlösen
- Autorinnen und Autoren können den Verkaufspreis selber festlegen
- Effizientes Marketing über viele Distributionskanäle
- Präsenz im Internet unter **http://www.diplom.de**
- Umfangreiches Angebot von mehreren tausend Arbeiten
- Großer Bekanntheitsgrad durch Fernsehen, Hörfunk und Printmedien

Setzen Sie sich mit uns in Verbindung:

Diplomarbeiten Agentur
Dipl. Kfm. Dipl. Hdl. Björn Bedey —
Dipl. Wi.-Ing. Martin Haschke ——
und Guido Meyer GbR ————

Hermannstal 119 k ————
22119 Hamburg ————

Fon: 040 / 655 99 20 ————
Fax: 040 / 655 99 222 ———

agentur@diplom.de ————
www.diplom.de ————